［第三版］

商社活動と企業の社会的責任

儲 け る だ け で は 破 滅 に つ な が る

小林一夫　著

図書文化

まえがき

　「企業の社会的責任（CSR）とは何か」をとらえ考えを深めるために，実務家として法政大学人間環境学部及び経営学部において2010年度より経営学特講「商社活動と企業の社会的責任」を担当してきている。本書はその講義録をもとに，実践的に役立てていただけるように，取りまとめたものである。

　社会の一員であるみなさんからの明日に活きる率直な見方や素朴な疑問。すなわち「仕事」とは何か，働くとはどういうことか，また，企業，総合商社とは何か。これら本質について，実際の総合商社の現場で実務家個人として考え続けてきたこと。そして，グローバルを見据え社会的責任をまさに現場では，どのように意識しとらえているか。これらに対し，社会人学生を含めた受講生のみなさんからの率直な疑問や気付きに正面から向き合い，決して十分とは言いがたいかもしれないが，一つ一つ答えてきた。

　総合商社は，日本独自の業態と言われて久しい。その役割や存在意義及び機能の全体像をつかむのは容易ではない。変化が常態である今日，これからも，常に時代の趨勢を読み，半歩でも先に活動していくことが求められている。総合商社には規模があり，それゆえ，影響力があると思う。何を考え，どうしようとしていたのか，その分野で答えを出すことができる。この実体験から企業の社会的責任について，忌憚なく双方向のコミュニケーションを重ね，このような形でまとめられることはきわめて公共性のあることであり，とても意義のあることである。

　人が自ら経験していないことは，実は「わからず，活かしていくのは難しい」とされている。学生である前に，社会の一員であるみなさんに，この本を通して筆者自身の体験というフィルターを通じてではあるが，例えて言えば社会という山を，別の視点でヘリコプターで真上から見る機会をもっていただきたい。この機会をぜひ活かしていただければと考える。

　2021年夏〔第三版上梓にあたり〕

小 林 一 夫

目 次

序章

仕事とは何か

　「仕事」とは何か，いろいろな面からとらえることが可能である。そのなかで，例えば学生にとってわかりやすい見方は，「学業」と比べてみることではないだろうか。学業は一人一人が自己のための努力を継続することだ。著者はこのように考えてきている。そう考えると，仕事とは，例外なく，集団で取り組まなければならないことと整理できる。

　著者は，法政大学兼任講師であるとともに38年間総合商社マンとして勤務してきた。三井物産創立100周年の1976年4月に入社して以来，国内外で営業や貿易，コーポレート業務を経験，営業時代，個人として肥料三国間貿易カウンター・パーチェスにおける部門間協力の推進を事由に社長表彰受賞，化学品貿易での米国政府との調査中断協定の締結を事由に社長表彰を受賞した。

　専門性の観点からは，ISO14001環境及びOHSAS18001労働安全衛生プリンシパル審査人（Principal Auditor, IRCA），米国公認内部監査人（Certified Internal Auditor, IIA），等の資格を取得，現場と向き合う際に不可欠ともいえる専門性を強化することで，コーポレート業務を遂行してきた。

　仕事で最も大切なことは何だろうか。筆者は，次の通りと考える。
　「ビジネスの現場で決めていかなければならないことは，すべて個別一回限りの事象である。それゆえ，決して学んだ理論通り，戦略通りまた思惑通りには進まない。それだから真正面から向き合い，逃げずに自身のWhole thingsをかけて，その都度その場で最善の情況を模索し，迅速に判断して決めていかねばならない。そして，その結果について責任をもたなければならない，それがすべてである。」筆者はこのように考え，判断の原点をそこに置くようにし

てきている。このほうがよいとかの理論は，その結論に至った状況を簡明に説明する場合にこそ使えるものである。また，身に付けておくほうがよい，現場で分析し最適対応をとるときの，いわば道具の一つである。状況は常に変化する。同じ事象は，実は，一つとして存在しないのが事業活動における実態である。そのなかで，個人として培ってきた経験や知識，また，資格に裏付けられた確信をベースとして決断し実行していくことが，よい結果をもたらすためには不可欠である。

　事業活動の現場で，これまで都度さまざまな局面に対峙してきた。そのなかで，実務家として，その時々の判断に資する考え方のヒントをまとめたものが本書である。どのような仕事であれ，本質は，実は変わらない。理論ではなく，実践だと言われる。また，人は，本音こそ共有したいものである。そして同時に，正しいと判断したことは襟を正して言わなければならない。これは，どの時代もどの立場に立っても一緒である。学生のみなさんも同じだ。ただ，言いっぱなしはまったく意味をもたない。違いがありうるとすれば，組織である企業の中において立ち位置は，まず，TPO（時・場所・状況）を考慮するというこの事実である。最適なタイミングを見計らうことで本音の共有がはじめて可能となる。一人一人が，よりよい社会を志向する価値観をもち，同時に，企業は収益を上げなければならない。これが本来あるべき姿だと思う。

　総合商社とはどういうものだろうか。筆者の個人的な見解だが，自身の言葉では，次の通りと考える。

　規模があることはよいことである。稼げる人がすべてだ。収益を上げることでそれを社会に還元していく。世の中に貢献していく。三井物産はこれが許されるよい会社だ。1978 年，イラン革命による第 2 次オイルショックが勃発，わが国への石油供給が危機に瀕するという事態に陥った。そのときのイランでの IJPC（イラン・ジャパン石油化学プロジェクト），また，それからの撤退。一線で働き，かつ実社会で経験したことを本音で語れること，学術研究という立場だけではなく，実務と経験をもとに語れることは意味があることだと思う。

本書の構成

　本書では，第1章及び第2章で商社活動と企業の社会的責任についての基本的考え方を整理する。そして，第3章で「地球環境への責任」の観点から，企業の社会的責任への対応について見ていく。第4章から第8章で，企業総体が大きい総合商社や大規模に事業を遂行している企業が，もたなければならない基盤や仕組みについて，説明する。

　次に第9章で，社会的責任ガイダンス規格（ISO26000）の7つの中核主題のうちから「人権と労働慣行」について触れる。グローバルでの事業展開を行う際には，常に留意しておかなければならない重要な課題ととらえられる。さらに，ステーク・ホルダーの重要な一角を占めるNGO/NPOに関し，日本の現状についての理解を深める。

　そして，第10章で，地球温暖化問題への対応とバイオ・ダイバーシティ（生物多様性）について，持続可能な開発とは，との観点から整理する。バイオ・ダイバーシティは，そもそも開発段階に格差がある国家間の利害調整を念頭に置いている。世代間公平性の概念も重要だ。それに対し，各国国内法ではあくまで当該国の国内における活動を前提とした規定となっている。

　「持続可能な開発」とは何か。筆者の個人的見解であるが，この言葉のもつ意味をとらえて自分なりに考えを深めようとする際，留意すべきこととして，まずどの立ち位置をとるか，また，何を前提として考えるかがある。それによって，意味することがまったく異なってきてしまう。地球の有限性とそれを個別にまで落とし込んでの責任。企業や個人であれば，おのおのが個別に決められた活動上限の範囲内での対応をとることでよしとするか。

　この立ち位置を明確化しないと，実は，何が問題なのかを正しく理解することすらできない。地球環境問題や企業の社会的責任を考えていく際，まず，どの立ち位置をとるか。そして，産業全体としての規模の拡大と人口増加についてどのように位置付け，そして考えるか。これらはとても重い問題である。

第1章

商社と企業の社会的責任（CSR）

企業とは，会社とは何か。またどのようにとらえたらよいのだろうか。「商社」活動と企業の社会的責任について理解を進める第一歩として，法人と自然人の違いや，株式会社とは何かを理解する。そして，商社活動の概要について学び，商社活動と企業の社会的責任についての概括的見方ができるようにする。

1-1 商社活動と，企業の社会的責任（CSR）

21世紀の経済社会においては，企業の社会的責任（CSR：Corporate Social Responsibility）について，確実に配慮した健全なビジョンに基づく事業活動を行っていくことが，明日を担う企業の経営には必須である。

経済・社会・環境，これら「トリプルボトムライン」を機軸とした持続的かつ透明性の高い経営（情報開示）を行うことは，社会的責任を果たす上で欠かすことができない。

CSRと企業経営との観点から，企業とは，会社とは何か。また，どうとらえていったらよいかについて整理する。次に，グローバル・グループを事業活動の場とする総合商社における具体的事例を見ていく。そして，CSR経営において欠かすことのできない基盤を構築する経営管理の仕組みについて，基本的な理解と，あるべき問題意識をもてるようになればと考える。

1-2 企業の環境及び CSR 戦略

環境問題への対応

　企業の社会的責任が過去に唱えられた契機として，公害等の外部不経済の存在，また，1990 年代に入ってからは地球環境問題が大きなテーマとなってきたことが挙げられる。企業がステーク・ホルダーに対し説明責任を果たしていかなければならない分野は，労働安全衛生・人権・雇用・取引先への配慮など多岐にわたっている。そのなかで，企業の社会的責任を見るとき，その企業がどのように環境問題に対応しているか知っておくことは大切である。

　地球温暖化は，人類が対処しなければならない環境問題の中でも大きな比重を占める。また，これはエネルギー問題と併せ，対応を考えていかなければならない喫緊の課題である。企業の環境・CSR 戦略においても，本業における環境対応への注力傾向が待ったなしで高まりつつある。

持続可能な開発（Sustainable Development）

　環境と開発に関する世界委員会（World Commission of Environment and Development）の「われら共通の未来」（Our Common Future 1987）と題されたレポートで，Sustainable Development という概念が明らかにされた。

　この概念は，将来世代に引き継がれるべき価値を損なわない範囲での開発のことを指す。前提として，世代間公平性の議論がある。現代の世代が将来世代を犠牲にしてはならない。それは世代間の不公正を生み出すという考え方である。一方で，将来世代の価値判断基準は，その世代がはじめて責任を負えるもので，現代の世代のこうであろうというような考え方と異なることがありうる。

　過去，資本主義社会では競争原理に則って個々の企業が利潤追求をすることで，全体の経済価値水準を高め，さらなる経済の発展が進められてきた。アダム・スミスのいう神の「見えざる手」の働きによって，利潤を追求することは，結果として豊かな社会をつくる早道だと考えられてきた。

一方で，これまで地球環境に無視できない負荷をかけ続けてきた。有限な地球である以上，外部不経済を無視することは許されない。

あるべき環境対応姿勢

環境に配慮する生活者・購買者・消費者。環境を重視する意識。では，はまりのよい言葉では，それらにはどのようなものがあるだろうか。循環型社会・共生・調和・ほどほど・足るを知る・もったいない，などがわかりやすい例である。ノーベル賞受賞者であるケニアのマータイ氏が，日本人の生活意識に根付いた言葉として「もったいない」を世界に紹介したこと。それは，外国語に直訳できない日本語の概念の一つの例として，広く知られている。これらは，発展を志向する社会において一人一人が自らの生き方の前提として，自分なりに咀嚼してから，しっかり心に留めておかなければならない大切なことである。

企業活動にとっての大きなリスクとなりうるがコントロールしきれないこととして，消費者の価値観の変化，言い換えれば，「消費者の心は移ろいやすいもの」，が挙げられる。

公害防止・水の利用・廃棄物処理・リサイクル・環境の修復・排水浄化など当然，企業として問題が起こらないようにしっかりと対応し続けなければならない。

1-3 企業とは何か，またどうとらえるか

企業とは何か

企業とは何かを考える際に，個人と企業との根本的な違いとして真っ先に留意しなければならないことがある。それは，かい摘んで言えば，個人として正しいと思える行動であっても，その総和は必ずしも正しい行動になるとは言いきれない。このことに留意して，常に振り返り考えることが必要である。

企業をどうとらえるか

　次に，企業とは何か，事実としてどの立ち位置をとるかにより，判断のベースは変わりうるし，また，変わらざるをえない。このことをはっきりと認識することが必要である。学生であれば一人一人，今，生活者であり消費者としての立ち位置を占めている。卒業し社会で活躍するということは，その立ち位置がほぼ180度変わり，いわば生産者サイドになるということである。

　極端な例かもしれないが，トラックでの輸送を考えてみる。自宅の前の通りを大きいトラックが通れば，その時はそれなりの音と振動がありうる。このようなことはないほうがよい。これは当たり前である。でも，生産者，あるいは生産された物を流通する流通事業者の立場や，その販売促進のためのPRを担うサービス業に従事する立場からは，程度の差はあってもこの種の物流はなくてはならないものだ。それゆえに，できる限り騒音と振動を出さないような設備を使用し，法令遵守はもちろんのこと，その運行する地域社会の声にいつも耳をそば立てて，許容される範囲で操業を続けられるように努めていかなければならない。

リスク・コミュニケーションとは

　それでもTPOによっては，問題が起こりえてしまうのが現実である。これを極力最小化する一つが，いわゆる，リスク・コミュニケーションである。そのためには個人の立場を離れ，地球規模で物事をとらえる見方ができることが必要である。国際社会の見方と，それを国連という場を通して義務化していくこと。それぞれの国が国益を追求すること。また，依拠する国の中でのそれぞれの企業の立ち位置。1つでない複数の国家に軸足を置いて事業を展開していくグローバル企業等。加えて，一人一人個人としての価値判断のベースがある。物事に責任をもって対処していくためには，「総論」や「べき論」「抽象論」で留まることは許されない。それゆえ，自分は今どの立ち位置にいるか，そして，その行動は何を目的としているか，整理し把握することが常に必要と考える。この視点を外さないで「企業とは何か」を考えていくことが，これから社会で

活躍する責任ある個人として，していかなければならないことと思料する。

なぜ，企業の役割が重要か ─────────

ドラッカーのいう企業の果たすべき役割

　ここで，企業の果たすべき役割についてドラッカーの言から引用してみる。ドラッカーは企業の果たすべき役割として，次のように明確に言いきっている。

> ①　自社特有の社会的機能，すなわち強みをまっとうすること
> 〔取引先の視点。お客様／顧客にとって有益で付加価値をもたらす機能を果たせること。そうでなければ，その企業の存在意義は希薄になっていかざるをえない。右から左へとモノを動かすだけの仲介事業者であれば，結局はコストに見合う役割を果たすことができなくなってしまう。〕
> ②　自社に関わる人が活き活きと生産的に働けるようにすること
> 〔その企業の役職員自身の視点。〕
> ③　世の中に悪い影響を与えないこと
> 〔広く社会からの視点。世の中にとって役に立つものであること。最低限，害を与える存在ではないこと。〕

　このうちで，①の社会的機能をまっとうすることについては，言うまでもないだろう。八百屋さんであれば，新鮮な野菜をできるだけ安い値段で提供することであるし，新聞社ならば，質の高い紙面づくりに努めることである。企業は社会的な役割を果たすべきだと言っているのである。役割をとらえ直せば，「責任」と言い換えられる。

　②についても，当然のことといえる。組織に関わる人が自己実現できず，元気がなければ，企業が社会に対してよい影響をもつことはできない。企業は社会から「人材」というかけがえのない資産を借りている。そうだからこそ，それらを活かす責務がある。

　③の「世の中に悪い影響を与えないこと」は説明の要もないことで，自明だ。企業とは，この３つの役割をもつ社会的機関といえる。

法人と自然人とはどう違うか

　これらの前提を踏まえ，「企業とは何か」の基本的理解のため，まず，法人と自然人の違いについて，次の通り整理する。

　法人とは，人ないし財産からなる事業体に権利能力である法人格が与えられたものと定義できる。取締役や理事またはその他の機関を有し，自然人と同様に法律行為を含むさまざまな経済活動をなしうる存在である。

　それに対し，自然人は，法人と区別して生物としての人を指すときに用いられる用語である。人には寿命があり，人の命は言うまでもなく限りがある。それゆえ，自然人であればある一定の時が過ぎると活動を続けられなくなり，ついには幕が引かれる。一方，ゴーイング・コンサーン（Going Concern），言い換えると継続企業体であることが企業の企業たるいわれといえる。昨今，日本ではサステナブル（Sustainable）という言葉が，「継続企業」を指すとき，ほぼ同じ意味でさまざまな場面で使われている。

ステーク・ホルダーそれぞれの立ち位置により求めるものは異なる

　ステーク・ホルダーそれぞれの立ち位置によって，企業に対し求めるものは当然異なっている。そのなかで，企業は本旨として継続性の原則のもと，事業活動を遂行することで活動の原資を満たし，それ以上の価値を生み出していかなければならない。その価値の総和をどう評価するかは，ステーク・ホルダーそれぞれの立ち位置によって異なる。これは，一人一人評価軸が異なり，定量評価しようとすれば，価値判断の領域に踏み込まざるをえないという難しい面がありうるからだ。しかしながら，そのうちで，事業継続のために不可欠である収益，その収益の絶対額を見れば相対比較できる水準が推計できる。数字は正直である。国であれば，国という存在は自国の国益を追求しなければならない存在である。これは，北朝鮮によるミサイル発射や核兵器開発及び拉致（らち）への対応を，日本政府としてしっかりとっていかねばならない現状をかん

がみれば，疑問の余地のないことである。

　公務員は，日本国憲法においては全体の奉仕者，すなわち，いわゆる社会のための公僕であり，公共の福祉の増大に努めることがその本旨である。企業であればその強みを発揮することで，社会に貢献していくことがなすべきことである。この社会というのが，このままとらえようとすれば漠としている。社会を細分化し相互に影響の及ぼし合う対象を明確にできるよう，ステーク・ホルダーという概念が使われてきている。ステーク・ホルダーとは何か。追って理解を深めていきたい。

会社を見ていくときには3つの視点がある

　企業を見ていくとき，会社とは何か，企業とは何かについての基本的理解をもつ上で，次の3つの視点が欠かせないと言われる。すなわち，①法律上の見方，②税務面からの見方，そして③経理面からの見方である。

　また，その際は当該企業一社だけでなく，グループ総体として見ていくことが欠かせない。

　グループ経営とか連結経営とかの言葉を聞いたり，新聞等の経済記事で読んだり目にしたりすることがよくあると思う。企業とは何か，会社とは何かをとらえようとするときに，その影響力の及ぶ範囲は当該企業に留まらずどこまでなのか。それを明らかにし，その企業だけ，あるいはグループや連結経営までをベースとしたものか，まず整理することが大切である。

　企業という言葉の基本的な概念を踏まえて，ではなぜ，現代社会では企業の役割が重要と言われるのだろうか。この問題意識のもとで，典型的な位置付けを占める株式会社について次項で見ていく。

　半世紀も前に出版された『私の実践経済学』（高橋亀吉著）での論だが，「商業らしい商業をやるには，ある規模以上の大資本が使えなくては真の商売人らしい商業の妙味は味わえない」。これは，筆者が社会に出る準備段階で，どのような仕事が面白いのか真剣に悩んだときにめぐり合った思い出の本である。

企業とは，会社とは

「企業とは」，広辞苑を引いてみると，次のように定義されている。

企業（Enterprise）：生産・営利の目的で，生産要素を総合し，継続的に事業を経営すること。また，その経営の主体。日常よく使われる用語に，企業意識，企業会計，企業家，企業会計原則，企業系列などがある。

企業の社会的責任（Corporate Social Responsibility）：企業は利益をあげ，最低限の法的責任を果たすだけでなく，活動を通じて市民や地域，社会の要請に対し積極的に貢献すべきとする考え。CSR。　　　　〔『広辞苑第七版』より引用〕

「会社とは」，で調べてみると次の通りである。

会社：商行為（商事会社）またはその他の営利行為（民事会社）を目的とする社団法人。会社法上の「会社」は，株式会社・合名会社・合資会社又は合同会社をいう。（会社法第2条1号）　　　　　〔『広辞苑第七版』より一部修正〕

よく使われる言葉としては，会社員，会社訪問，会社人間，会社更生法などがある。

- ・株式会社は，日本には約163万社あると言われている。
- ・合同会社は，日本では法人課税の対象となり米国の LLC.（Limited Liability Company）とは税法上の扱いが異なる。
- ・上場企業　東京証券取引所等に株式を上場している会社
- ・非上場企業　証券取引所に株式上場していない会社

会社とは，日本の法律上では次のように説明され定義されている。

会社法：2006年5月，施行

- ・大会社とは，資本金5億円以上，または負債総額200億円以上（会社法第2条6号）
- ・営利性　利潤を追求すること，事業を営むこと
- ・社団性　共同目的を有する自然人の集団としての性質を意味すること，出資者
- ・法人性　法人とは，その団体自身の名において権利を有し義務を負う資格があることをいう。そうはいうものの，法人の場合，常に自然人と同様の権利能力を有するわけではない。法令による制限を受けるほか，定款に定められた目的によっても制限を受ける。

1-4 株式会社

株式会社とは

　株式会社とは，株式を発行して有限責任のもとに資金を調達し，株主から委任を受けた経営者が事業活動を行う法人格を有する企業形態のことである。株式が公開されているときは，株式を購入することでだれでも株主（出資者）になることができる。株式会社は，一義的にリスク・リターンをとる存在である。

　株式会社の支配権と出資の関係等，株式会社の本質を表す原則といえば，次の通りである。

［株式会社の本質を表す原則］
　・一株一議決権の原則
　・資本多数決の原則
　・経営判断の原則

　会社はだれがどの立場で運営しているのだろうか。「会社はだれのものか」，このように言われるのを耳にすることがよくあると思う。大規模な株式会社においての「人」とその果たすべき役割に着目してみよう。この場合，次の言い換えが参考になるのではないかと思う。

［人に着目した場合の株式会社の構造］
　代表取締役──すなわち，言い換えると，執行部
　取締役（会）──すなわち，執行・議決機関
　株主（総会）──すなわち，出資者

上場企業とは

　証券取引所で株式が売買されていることを上場といい，上場された企業を上場企業という。証券取引所は細かな上場基準を定めており，上場している企業はそうした条件をクリアした企業である。株式上場のメリットは，知名度が高くなりそれに伴い世間の信用が上昇し，低コストで資金調達が実現できることが挙げられる。しかし，上場すると常にディスクロージャーが求められ，コーポレートガバナンス・コード，スチュワードシップ・コードの対応などを含め多くの社会的責任や義務を負うことになる。

　上場企業とは，どのように整理することが可能だろうか。
・19 ページの資料でも触れたが日本には 163 万社あまりの株式会社があり，そのうち上場企業と言われるものは，約 3,782 社ある。（2021 年 6 月末現在）
・非上場企業は，株式を上場していない会社といえる。
・株式会社たりうるためには，次の通り 3 つの大原則がある。
　① 　株主有限責任
　② 　株式譲渡の自由
　③ 　所有と経営の分離

上場とは，東京証券取引所等に株式を上場していることをいう。
　• 東京証券取引所市場第一部，第二部，マザーズ，JASDAQ（スタンダード及びグロース）等
　　現行市場区分に関し 2022 年春をめどに，プライム市場・スタンダード市場・グロース市場（仮称）の 3 つの市場への再編を予定。
　　　〔日本取引所グループ・ウェブサイト，「市場区分見直しの概要」より〕
　　なお，名古屋証券取引所，札幌証券取引所及び福岡証券取引所については以

下の通り。

- 名古屋証券取引所（名古屋証券取引所単独上場会社数 63 社）
- 札幌証券取引所（札幌証券取引所単独上場会社数 16 社）
- 福岡証券取引所（福岡証券取引所単独上場会社数 25 社）

〔東京証券取引所ほか各ウェブ・サイト「上場会社情報」より〕

次に，わが国における企業全体の位置付けを把握できるようにするため，わが国の会社企業数の推移について，総務省統計データをもとに整理してみる。数年前の数値だが，概要を把握する上では活用できると考える。これからいえることだが，上場企業は株式会社総数のわずか 0.2％を占めるに過ぎないという事実である。

- 2016 年 6 月 1 日現在，会社企業数は 1,633,000 企業。
- 約 4 年前と比べると 73,000 企業（4.3％）の減少となっている。

　会社法で定義されているが，会社・企業とは，経営組織が株式会社（有限会社を含む），合名会社，合資会社，合同会社で，本所と支所を含めた全体をいう。〔旧商法の時代は，小規模な会社でよく見られた，株式会社の一つの形態として，有限会社があった。現在は，広く株式会社の中に包含される〕単独事業所の場合は，その事業所だけで「会社企業」となる。したがって，企業数は本所事業所と単独事業所の合計を指す。

- 2016 年 6 月 1 日現在のわが国の総事業所数は 5,622,000 事業所である。
- また，従業員数は，57,440,000 人。
- 個人経営及び会社以外の法人を含む企業等の数は，3,866,000。このうちで，会社企業は，1,633,000，会社以外の法人は 249,000。合わせて法人合計は 1,882,000。
- 加えて，個人経営は 1,984,000 となる。
- 企業等の数の 93.4％は単一事業所企業である。

〔総務省統計局経済センサスより筆者編〕

　企業というものをとらえるとき，何に注目したらよいだろうか。一昔前であったら売上高だろうか。景気が持ち直すにつれて緩和傾向とも言われるが，就職難と言われてきた日本の経済環境下では，新卒採用または雇用だろうか。あるいは総資産，純資産，従業員数，資本金，純利益その他数値化できる経営指標の組み合わせであろうか。この通り本当にさまざま考えられる。

　企業を調べようと思い立ったとき，ではどうすればよいのだろうか。例えば総合商社を調べたいのであれば，手っ取り早く，各社のウェブサイトにアクセスする，ないし，『会社四季報』（東洋経済新報社）を読んでみる。このいずれかの方法をお勧めする。そのような媒体で公表されているデータから基本的理解に必要な概要の把握が可能である。
　総合商社の規模は強みといえる。このことは「序章」ですでに触れた。しかしながら，だからこそ常に自戒し，また，社会へのアンテナを高く立て，ステーク・ホルダーの声に耳を貸すようにしなければならない，と考える。
社会情勢と，企業理論面からのあるべき企業
　アベノミクスという言葉が定着しつつあった日本であるが，少し前までは，「失われた20年」と言われ続けてきたわが国経済環境である。一方，企業理論とは，理論面から「企業とは何か」を分析の対象とするものである。しかしながら，現実を分析するどのような理論も，依拠する環境からの影響を無視することはできない。ウィズ・アフターCovid-19の現下，企業をとらえる際の企業理論も例外ではない。これまでを見たとき，企業理論から見た企業も，「株主への配当」あるいは「ステーク・ホルダーへの配慮」，この2つを重視する考え方の中で，都度立ち位置を占めてきたと考える。

1-5 企業業績の見方

　物と資金から企業をザックリとらえるようにしてみよう。

　数字は正直である。興味をもち企業をもっと知りたいと思う際に，主要な数値のもつ意味と位置付けを把握することは大切である。主な項目について，まず気付く着眼点は，次の通りである。

■**損益計算書　P/L**
　　○○株式会社　2021 年 4 月 1 日〜2022 年 3 月 31 日
　　　　　　　　　〔位置付け〕
　•売上高………………顧客がなければ売上は立たない。
　•費用（売上原価）…従業員，人もコストに区分される。
　•税金…………………納税，国民の義務だ。
　•純利益（利潤）……ボトムライン
　•配当…………………株主に報いるものだ。

■**貸借対照表　B/S**
　　○○株式会社　2022 年 3 月 31 日
　　　　　　　　　〔位置付け〕
　•総資産………………規模がわかる。
　•負債と純資産………資金調達状況がつかめる。

　業種別でみた上場企業の連結業績では，商社 162 社合計で売上高（日本基準）75 兆円，純利益 2.68 兆円を示す（2018 年 3 月期）。

　企業の業態概要を押さえるためには，早い段階で簿記と財務諸表の基本は勉強しておくことが望ましい。あのゲーテが簿記を絶賛したと言われて久しいが，食わず嫌いにはならないようにすることが肝要である。

1-6 総合商社とは，何をするところか

総合商社とは何か

　ここで総合商社とは何か，沿革と歴史的考察に簡単に触れてみる。

　1876 年，旧三井物産が誕生。日本最初の総合商社と言われる。官営三池炭鉱払い下げを受け，自由な貿易会社へ。外国の最新技術と機械の導入や産業育成に資する競争力のある豊富な原材料の輸入，ピーク時には日本の総貿易年額の 2 割を超える額を 1 社で占め，海外市場の開拓等を行ってきた。第 2 次大戦後の 1947 年，財閥解体により解散。1959 年，大合同により新生三井物産が誕生した。

　時代の変遷とともに，総合商社の果たすべき役割と機能は，商取引や貿易の仲介から事業投資・事業参画・経営へと大きく変貌を遂げている。高度成長期には，総合商社斜陽論，商社不要論，商社冬の時代等，あまねく言われた。しかしながら，これは，旧来的意味での物流の仲介者として仲介手数料を取る商社を指し，その商社機能の劣化を指摘したものである。時代のニーズの産業的解決者として，これらを事実としてハネ返してきたと言われる。「総合商社とは」と固まった定義での言葉にとらわれていたことに，「商社不要論」などの論点の弱みがあったといえる。商社の仕事の本質は，効率化とはほど遠い，それができない部分にある，と筆者は考える。総合商社自体が時代の変化とニーズを敏感に察知することでこれからも日々進化を重ね，高度な機能を開発できる有意な企業として活動を続けていけると思う。

企業の役割

　ここで，なぜ企業の役割が重要なのだろうか，あらためて考えてみる。世界の上位企業の売上と各国 GDP を見てみる。

　FORTUNE500，The World Biggest Public Companies 2020 によれば，世界

最大の企業は，世界で 24 番目に経済規模の大きな国の GDP とほぼ同じ水準の売上高をもっている。このことからも，大企業には規模に見合った影響力があることがわかる。影響力をもつ存在は無視することはできない，また，果たすべき役割は大きい。それゆえに，企業の役割は重要であるといえる。

商社と総合商社とは

商社と総合商社，業種としてのくくり方はさまざまである。総合商社に対してそれ以外は専門商社と呼ばれることが多い。ではどこが違うのだろうか。「総合」とは，単に扱っている商品・サービスが多岐にわたることを意味しているわけではない。あえて言えば，グローバルに高度化し複合化する商社活動を統合する付加価値の高い「総合的なサービス機能」と，事業活動を指しているといえる。例えば，プロジェクトに欠かせない高度な金融機能，国際契約に関する法務機能，原材料調達から製品の安定的供給を実現していくロジスティクス機能，不測のリスクに対応しうる専門的な管理機能などの総合的なサービス機能を構成する。これらを活用，戦略的投融資を実行していき，売り買いの仲介事業者に留まらない総合力を発揮する企業であるのが，今日の総合商社である。

総合商社と呼ばれ日本独自と言われてきた業態の企業は，三井物産，三菱商事，伊藤忠商事，住友商事，丸紅，双日，豊田通商などがある。これら総合商社 7 社合計の連結純利益は，2 兆 855 億円（2018 年 3 月期）を示す。

商社活動と企業の社会的責任

各社の「社会的責任」への対応に関心をもったとき，自分なりに分析する視点をもち理解に努めることである。本書では，総合商社に勤務し続けてきた自身の立場から総合商社をとらえ，筆者の個人的な見解として商社活動と企業の社会的責任を論じようとしている。もし，総合商社間で相対比較をしたいと考えるときは，まず，自分なりに少なくとも 1 社ベンチマークとなる企業を決

めて徹底的に分析してみる。そうすることで自分なりの判断の機軸をもつことができる。そうでないと，総論での議論と見方に留まり，違いに自分なりに気が付くことができないままで終わってしまう。仕事というものはどんな場合でも決して簡単ではない。理論で整理可能な総論に近い部分で優劣が付くことは，まず，一流の競合先間ではありえない。大規模な金融機関等他業種または，世界の一流企業と総合商社の業態比較を試みるときも，同じ姿勢で取り組むことが必要と考える。

　なお，総合商社に限らず，どの業態においても大規模に事業を行っている企業を見ていくときは，他と比較する際，客観的な基準となる物差しを決め，それからその企業の立ち位置を把握するようにすることが肝要である。これは，世界の超一流企業とその企業の業容をとらえる際も同様である。この観点から，その企業の社会的責任とは何か。そして，その企業がどう事業遂行の中で「社会的責任」をとらえ，取り組んできているか。それを自分なりに見ていくことで，企業側からの情報発信手段のみに依拠した視点からではなく，その企業の社会的責任への対応と取り組みのあり様が，理解できるようになる。

　開示の観点から3Rという言葉がある。これは，PR・IR・CSRをまとめてとらえる称し方である。PR（Public Relations）はピーアール，IR（Investor Relations）はインベスター・リレーションズ，そしてCSR（Corporate Social Responsibility）である。

　ピーアールは，顧客や消費者が安心してその企業の製品・サービスなら信頼できるというプラスイメージを与える活動である。広い意味で営業活動の一部といえるのではないだろうか。

　インベスター・リレーションズは，厳格なルールに基づく市場に対する開示である。本邦での有価証券報告書を思い浮かべていただければわかりやすい。

　そして，3Rの中で企業の社会的責任（CSR）こそ，外からの視点でその企業の活動実態を見るものであると理解できるようになることが大切である。

キーワード解説

■ トリプルボトムライン（第2章2-3参照）

　企業活動を経済面だけではなく，社会や環境に関する実績からも評価しようという考え方。ボトムラインとは，企業の損益計算書（財務諸表）における最終ラインのことであり，税引後利益を指す。企業活動が持続可能であるためには，経済的側面に加えて，環境的側面，社会的側面も同様に重要であるとする。企業は損益収支に関わる結果のほかに，人権配慮などの社会面，資源の節約や環境汚染対策などの環境面にも言及することを必要とする。

■ 外部不経済

　経済活動は市場における取引を通じて行われている。しかしながら，市場で行われる経済活動であっても，市場の外側で，お金を払うことなく他人にマイナスを与えたり，お金をもらうことなくプラスを与えたりすることがある。前者を外部不経済（負の外部性）という。環境問題は外部不経済を引き起こす代表的なものである。

■ ステーク・ホルダー（第2章2-7参照）

　企業を取り巻く利害関係者のこと。株主，従業員，顧客，取引先，地域社会等，企業及び企業の活動に何らかの影響を与えたり，影響を受けたりする主体をいう。

■ 世代間公平性

　地球は，現世代の人間だけのものではなく，子どもや孫の世代を含む未来のすべての世代の生存に対して責任がある，ということを認識しなければならない。それゆえ，埋蔵量が有限である資源を使いきってしまえば，将来世代はその資源を使えなくなってしまう。また，今適切な対策をとらないことにより，その結果，地球環境を修復不可能としてしまえば，現世代が加害者，将来世代は被害者という関係になる。現世代のツケを将来世代に払わせてはならないとの考え方をいう。

■ リスク・コミュニケーション

　化学物質などの環境リスクに関する情報を，企業，行政，地域住民，NGO等すべての利害関係者が，コミュニケーションを通じて信頼関係の中で共有し，相互に意思疎通を深化させることで，リスクを低減していく試みをいう。

■ 法人

人ないし財産からなる組織体に法人格（法律上の権利義務の主体たる能力）が与えられたもの。取締役その他の機関を有し，自然人と同様に法律行為を含むさまざまな経済活動をなしうる。法人を含む用語では，法人税や法人企業がある。

■ 自然人

法人に対する語で，権利義務の主体である個人のこと。法律用語としては，法人と区別して生物としての人を指すときに用いられる。法律上，人といえば自然人と法人の両方が含まれるのが通例。

■ 連結決算

投資家や債権者への開示情報及び経営資料とするため，親会社を中心とした企業グループを，あたかも単一の企業（組織体）とみなして行う決算をいう。連結グループ内の一社（例えば親会社）のみを対象とした単体決算と比べて，連結グループ総体の経済活動の全体を反映した財務会計情報が提供され，今日，決算といえば，通常は連結決算を指す。

■ 経営判断の原則

ビジネス・ジャッジメント・ルールともいう。取締役が業務執行に関する意思決定の際に，適切な情報収集と適切な意思決定プロセスを経たと判断されるときには，結果として会社に損害が発生したとしても善管注意義務違反に問わないとする原則。株主代表訴訟等において取締役の行為が妥当であったかどうかの疑いに対して，ビジネス・ジャッジメント・ルールは抗弁として使われる。

■ ディスクロージャー（開示）

主として投資家保護の立場から企業内容を一般に公開すること。

■ 失われた 20 年

日本経済がバブル崩壊後の 1990 年初頭から約 20 年以上にわたり低迷し，名目 GDP がほとんど増加しなかった期間を指す。

第2章

社会的責任 (Organization's SR) と企業の社会的責任 (CSR)

「社会的責任」とは何か。また,「企業の社会的責任」という概念をどのようにとらえるべきであろうか。この考察を深められるように,ISO26000 中核主題,GRI,トリプルボトムライン,ステーク・ホルダーの各概念を整理する。

2-1 企業の社会的責任 (CSR) とは何か

現場での CSR

この言葉を見たとき,まず何を思い浮かべるだろうか。思い浮かぶ言葉として次のようなものがある（順不同）。

- ・企業不祥事と再発防止,粉飾決算
- ・会社法（2006 年施行）
- ・金融商品取引法
- ・競争優位の CSR 戦略
- ・受身的 / 形式的な活動
- ・社会的責任ガイダンス規格（ISO26000）
- ・上場企業,業績の落ち込みと株価の下落
- ・人権,環境負荷低減,格差や貧困,食料や水
- ・外部不経済

・市場の失敗

・資源の最適配分

・ゴーイング・コンサーン（Going Concern：継続企業体）

・ステーク・ホルダーとの協働

・経営者

・CSR，サステナビリティ，IR，PR

・ESG，SDGs，ESG 投資，TCFD

・サプライチェーン

・企業理念，CSR 推進方針

　企業活動に興味をもって日経新聞等を読んでいると，ほぼ毎日のようにこういった言葉が使われた報道がなされていることに気付く。

　第1章で，手っ取り早く企業を調べたいときのやり方について触れた。総合商社の強みは何であろうか。規模であり総合力であろうか。総合商社のとらえる「企業の社会的責任」については，各社それぞれのウェブ・サイトを参照し，各社のとらえ方を知る。

　ここでは，各社が拠って立つ原点ともする経営理念及び CSR 推進方針の総合商社の例として，「三井物産の経営理念」及び「三井物産グループ行動指針 – With Integrity」を同社ウェブ・サイト（サステナビリティレポート）から引用してみる（次ページ資料参照）。

　あわせて，（社）日本貿易会の「商社行動基準」（章末57～59ページ参照）を（社）日本貿易会ウェブ・サイトより引用，精読することで，商社が業界として，「企業の社会的責任」をどのようなものとしてとらえているか，基本的理解をもてるようにする。

産業界及び政府レベルにおける CSR のとらえ方

　商社業界のみならず日本の産業界の総本山と言われる日本経団連，及び経済同友会の見方を，次にそれぞれ紹介する。

三井物産の経営理念

■ Mission
世界中の未来をつくる
大切な地球と人びとの，豊かで夢あふれる明日を実現します。

■ Vision
360° business innovators
一人ひとりの「挑戦と創造」で事業を生み育て，社会課題を解決し，成長を続ける企業グループ。

■ Values
「挑戦と創造」を支える価値観
変革を行動で
私たちは，自ら動き，自ら挑み，常に変化を生む主体であり続けます。
多様性を力に
私たちは，自由闊達な場を築き，互いの力を掛け合わせ最高の成果を生みます。
個から成長を
私たちは，常にプロとして自己を高め続け，個の成長を全体の成長につなげます。
真摯に誠実に
私たちは，高い志とフェアで謙虚な心を持ち，未来に対して誇れる仕事をします。

三井物産グループ行動指針 ―With Integrity
5つの基本精神
1. 法令を守り，最も高い倫理水準に基づき誠実に行動します。
   また，人権を尊重し，いかなる差別も行いません。
2. 社員一人ひとりの個性と多様性を尊重し，自由闊達な風土を守り，育てます。
3. 公正な事業活動を行い，社会からの信頼に，誠実に，真摯に応えます。
4. 地球環境を大切にし，豊かで住み良い社会の実現のため積極的に貢献します。
5. 何かおかしいと感じたとき，疑問に思ったときは勇気を持って声を上げ，より良い会社をつくります。

（2019年8月　改定）
〔「三井物産サステナビリティレポート2020」より〕

　現代社会をとらえようとする際，経済のグローバル化，価値観・文化の多様化，社会の情報化，少子高齢化，加えて地球ベースで人口の増加拡大，世界秩序の無極化など，さまざまな切り口からのアプローチが可能である。

　こうしたなかで，企業の社会的責任とは何か。また，どうとらえることができるだろうか。日本経団連は，「企業の社会的責任（CSR）推進にあたっての基本的考え方」の中で，「経済・環境・社会の側面を総合的にとらえて，企業の競争力の源泉とし，企業価値の向上に繋げる活動」と企業の社会的責任（CSR）を位置付け，積極的に取り組むとしてきている。

　経済同友会の提唱するCSRは，法令遵守や慈善活動に留まらず，「企業が事業活動を通じて社会に好影響をもたらし，そのような企業の取り組みが市場で評価されることによって，企業と社会が相乗的・持続的に発展する」次元を目指す，としている。

　産業界のみならず，政府レベルでは，「企業の社会的責任」ガイダンス規格をどのようにとらえているのだろうか。「最近のCSRを巡る動向について」と題した経済産業省の公表資料（ウェブ・サイト）において，ISO26000（社会的責任ガイダンス規格）に関し，次の通り概説されている。

　　昨今の企業不祥事や環境問題の深刻化，経済格差の拡大などを背景に，企業の社会的に責任のある行動を求める動きが世界的に活発化した。これを受け，国際標準化機構（ISO）は，社会的責任の実施に関する手引を定めた国際規格ISO26000（社会的責任ガイダンス規格）を策定し，2010年11月に発行。同規格は，企業に限らずあらゆる組織が対象。ただし，それぞれの組織の特徴に合わせて必要な部分を活用することを促すもので，認証を目的とした規格ではない。
　　　　　〔「最近のCSRを巡る動向について」平成24年7月経済産業省〕

　重要概念である社会的責任ガイダンス規格で定められている「中核主題」及び「7つの原則」については，基本的理解のため，次項で説明したい。

2-2 事業体の社会的責任

　CSR ではなく SR だろうか。わが国は翻訳文化の国と言われることすらあるが，これはいわば，日本独自ともいえる日本語に翻訳した際に起因する特異なケースである。日本語を母国語とするわが国と米英等とでは，社会の基盤をなす文化等，拠って立つところが違う面がある。そのために原文においての外国語では同じ用語であっても日本語に翻訳されたとき，原語での本来の意味するところと翻訳され定義された内容の範囲に，対象領域を含めた違いがありえてしまう。この事実についてまず理解することが肝要である。翻訳を通じて理解しようとするときは，何を定義しているのか，原意と邦訳で意味している内容は同じなのか，常に確認することが必要である。

　社会的責任ガイダンス規格（ISO26000）の原文では，Organization's Social Responsibility とされている。直訳すると事業体の社会的責任となる。これは Organization という用語（章末のキーワード参照）をどのように訳すかという問題であるが，ISO26000（社会的責任ガイダンス規格）では，規格として，対象を企業のみから，非営利団体，公共団体等のあらゆる事業体に適用できるように一般化している。ISO26000 は，日本国内では 2012 年 3 月に JIS（日本産業規格）化され JIS Z 26000「社会的責任に関する手引」として制定されている。

　ISO26000 においては，社会的責任を果たすための原則として，以下の 7 通り提示されている。

① 説明責任：自らの活動によって外部に与える影響を説明する。
② 透明性：自らの意思決定や活動の透明性を保つ。
③ 倫理的な行動：公平性や誠実であることなど倫理観に基づいて行動する。

④　ステーク・ホルダーの利害の尊重：ステーク・ホルダーを特定，配慮
しつつ対応する。
⑤　法の支配の尊重：関連法令及び規制を尊重し遵守する。
⑥　国際行動規範の尊重：法の支配の尊重のみならず，国際的行動規範を
尊重する。
⑦　人権の尊重：人権を尊重し，その重要性及び普遍性を認識する。

　各企業が，社会的責任ガイダンス規格（ISO26000）を実際に活用する際，
7つの中核主題を認識し，中核主題ごとの自社の取り組み内容を整理して，
「ISO26000対照表」を作成しCSRレポート等で公表している例は多い。
　7つの中核主題及び課題について，次の図表を参考にしてみよう。

図表1　ISO26000社会的責任ガイダンス規格の7つの中核主題
［『ISO26000：2010 社会的責任に関する手引』ISO/SR 国内委員会監修］

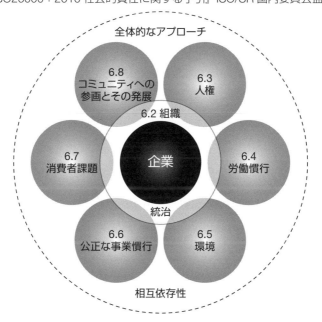

図表2　社会的責任ガイダンス規格（ISO26000）の中核主題と課題
[Guidance on Social Responsibility, International Organization for Standardization より筆者訳]

中核主題	6.2	組織統治
中核主題	6.3	人権
課題 1		デューディリジェンス
課題 2		人権リスクの状況
課題 3		共謀の回避
課題 4		苦情解決
課題 5		差別及び社会的弱者
課題 6		市民権及び政治的権利
課題 7		経済的，社会的及び文化的権利
課題 8		労働における基本的原則と権利
中核主題	6.4	労働慣行
課題 1		雇用及び雇用関係
課題 2		労働条件及び社会的保護
課題 3		社会的対話
課題 4		労働安全衛生
課題 5		職場における人材育成と訓練
中核主題	6.5	環境
課題 1		汚染の防止
課題 2		資源の持続可能な利用
課題 3		気候変動の緩和と適応
課題 4		環境保全と自然生態系の維持・回復
中核主題	6.6	公正な事業慣行
課題 1		汚職の防止
課題 2		責任ある政治的関与

課題 3		公正な競争
課題 4		バリューチェーンにおける社会的責任の推進
課題 5		財産権の尊重
中核主題	6.7	**消費者課題**
課題 1		公正なマーケティング，事業に則した偏りのない情報，及び公正な契約
課題 2		消費者の安全衛生の保護
課題 3		持続可能な消費
課題 4		消費者サービス，支援，並びに苦情及び紛争の解決
課題 5		消費者のデータの保護とプライバシー
課題 6		必要不可欠なサービスへのアクセス
課題 7		教育と意識向上
中核主題	6.8	**コミュニティへの参画とその発展**
課題 1		コミュニティへの参画
課題 2		教育と文化
課題 3		雇用創出と技能開発
課題 4		技能開発とアクセス
課題 5		冨と所得の創出
課題 6		健康
課題 7		社会的投資

2-3 社会的責任

だれの社会的責任か

社会的責任とは，どのようにとらえたらよいのだろうか。

市民社会の構成員として，企業や個人は社会においてそれぞれ望ましい役割を果たし，行動すべきであるという考え方がある。しかしこの場合，だれの行為をだれがどの立場で評価するか，行為主体を明確にしないままでは，どのようなものかを理解することは難しいと考える。

例えば，「消費者の社会的責任」といった言葉を考えてみよう。消費者は，企業の意思決定を判断するステーク・ホルダー（利害関係者）の中でも重要な存在である。この場合，消費者にとっての「社会的責任」と，「企業の社会的責任」と言われるときの「社会的責任」は，果たして同じと考えてよいのだろうか。

このように考えたとき，やはり，対象を企業に限定し，企業の社会的責任（CSR）とは何かに絞る。それから言葉の意味，使い方や認識を考えたほうが整理しやすいと考える。

CSRに関してよく聞かれるコメントとして，次のようなものがある。果たして，この見方で問題ないのだろうか。

・わが社はもともとCSRの考え方に沿って業務をしている。
・CSRは欧米から入ってきた考え方で，日本には独自の経営がある。
・CSR面でアピールできる。
・倫理観こそがCSRだ。

では，企業は何のために存在するのだろうか。これに対し，次のように答えることは容易である。しかし，この見方だけで整理しきることは可能であろうか。

　企業は世の中に役に立つ価値を提供するためにある。法令遵守は義務として当然のことである。また，社会貢献や環境にできる限り負荷をかけないようにすることはその一環である。株主は結果的にその事業活動の恩恵を受ける総体の中の一つにすぎないといえる。

　この問題意識を共有することで，企業と「企業の社会的責任」について考えを深めていきたい。

日本における企業の社会的責任（CSR）

　あらためて，今なぜ CSR なのだろうか。それには，主に次の要因をかんがみる必要がある。

> ・社会の変遷と変化
> ・企業自体の変化
> 　　産業構造の高度化及び大規模化
> 　　社会との接点
> ・国と行政
> 　　社会問題と行政機能のバランス
> 　　民間の果たす役割の増大（すなわち社会問題と，行政機能のカバー範囲
> 　　に差があること。このギャップを埋めていくことも本来の民間の果たす
> 　　べき役割の一部とみなすことが可能。）

　産業構造の高度化及び大規模化に伴いますます複雑化する現代社会においては，企業の活動自体も複雑化し，その役割の拡大と合わせ，企業のルールや文化の与える影響力が増大していることは論を待たない。地球環境問題への対応は喫緊の課題である。労働安全衛生，人権，雇用，顧客や消費者等，幅広い分野に及んできている。そのため，外から見たとき，その企業自体からの開示で得られる情報を除けば，企業そのものがますますわかりづらい存在になりつつある。

　こうした前提に立ち，「社会」と「企業」をどのようにとらえるか。この観

点から日本における CSR の前提である考え方の基本はどのようなものだろうか。

　日本における法令遵守及び倫理観について考えてみる。

　モラル的な考え方を基礎とし，暗黙の了解，いわゆる「日本的商習慣」や「不文律」がわかりやすい。お互いの信頼をもとに，契約書を取り交わす前にも業務を始めることもありうる。

　一方で，何もそれは日本的商慣習とは言いきれない。迅速に決めなければならない守秘性の高い取引では，世界共通ともいえ，何も日本に限ったことではない。信用と相互信頼に基づく商内（あきない）の基本であるとの見方もある。

企業活動の使命とは

　「企業とは何か」，このテーマについて第 1 章で触れてきたが，企業が活動をしていく際の使命とはどのようにとらえるべきだろうか。個々の立ち位置の違いにより異なるであろうし，さまざまな見方が可能であるともいえる。筆者は，つまるところ経済的価値と環境・社会的価値の両立を持続的に図ることであると考える。そのために，新たなビジネスモデルへの挑戦を継続し，企業の継続企業体としての存続と成長及び社会のサステナビリティの共通点が認識でき，そして相違点も明らかになる。

日本における CSR の考え方

　日本における CSR の考え方について，もうほぼ 50 年前に木川田一隆氏が看破した考え方を参考にしてみる。

　1973 年，経済同友会代表幹事（木川田一隆氏）の所見は次の通りである。それは，「企業に原点を置いて社会を見ると言う態度から，社会に原点を置いて企業のあり方を考えるという発想をすべきである」。

　つまり，社会を原点とした発想で取り組むことであった。

　さらに日本の伝統的な商いの倫理で「三方よし」という考え方がある。これは，近江商人の「売り手よし，買い手よし，世間よし」の三方よしという教えからのものである。商内のあり方として，社会性や人間性，徳の大切さを認識

し，それを欠くと社会から受け入れられない。したがって，それらを大事にしなければならないことを説いている。日本では，古くから社会と共生する考え方が根付いていた。しかし，欧米流のステーク・ホルダーの考え方から発するCSRと対比して考えてみると，日本のこの場合は，基本的に「商いをする側のあり方」を説いたものである。ステーク・ホルダー側からの要請や期待を原点に置いた発想とは言いきれないだろう。

　歴史と伝統に支えられてきた日本企業は古くから，社是や綱領，経営理念，社内倫理などの機軸を文書化していないまでももち，それらを長年実践してきている。しかしながら，そのような状況を社内や利害関係者（ステーク・ホルダー）に，主体的かつ積極的に公表する立場ではなかったといえる。

経済同友会のCSRのとらえ方

　日本企業における社会的責任（CSR）のとらえ方について，経済同友会自己評価レポート「進化の軌跡」を次の通り引用する。この評価レポートは，「経営者の社会的責任の自覚と実践」と題し1956年に公表されたものと，2000年に公表された「21世紀宣言」，この両方を含めた内容となっている。対比して読むことで，約半世紀のタイム・ラグを経たわが国における社会的責任のとらえ方が，本質的には変わっていないことが理解できると思う。

■経営者の社会的責任の自覚と実践（1956年）

　現代の経営者は倫理的にも，実際的にも単に自己の企業の利益のみを追うことは許されず，経済，社会との調和において，生産諸要素を最も有効に結合し，安価かつ良質な商品を生産し，サービスを提供するという立場に立たなくてはならない。経営者の社会的責任とは，これを遂行することにほかならない。

■21世紀宣言（2000年度）

　経済的価値の創造と増大という本来の目的はもとより，企業が人々の価値観や生き方に大きな影響をもつ社会的存在であることをあらためて認識し，企業と社会との相互信頼をより確かなものにしていく必要がある。そのために，経営者は，

絶えず，社会のリーダーとして責任を自覚し自己を律して，社会の期待と企業の目的の調和を目指す「市場の進化」の実現に向けてイニシアティブを発揮し続けなければならない。

〔「日本企業の CSR ―進化の軌跡―自己評価レポート」経済同友会，2010 年 4 月〕

欧米における CSR

　ここで欧米の CSR について，日本との対比との見方をするために特徴的な事柄を挙げてみる。そして，欧米をひとまとまりとしてとらえるのではなく，米国と欧州それぞれにおける CSR のとらえ方の違いにも留意してみる。

　[米国] 契約とルールの社会といわれる。フィランソロピーの考え方での違いや，多様な価値観の共存が認められている社会である。この社会では，社会の規律はルールがあってこそ管理可能とみられる。米国企業改革法成立の契機となったエンロン・ワールドコム事件は記憶に新しい。本質は，企業は株主のものであり，企業価値の向上とあわせステーク・ホルダーへの説明責任の徹底が求められている。

　[欧州] 欧州発の ISO26000 社会的責任ガイダンス規格がわかりやすい。人権や労働慣行も重視される。寄附や社会貢献活動は CSR の対象に含まれないとする見方である。

ステーク・ホルダーからの見方

　企業が将来にわたり企業価値を高めつつ健全な事業活動を続けるためには，当該企業の外からの見方及びどのように評価されているかを知ることは重要である。ここで，企業の役割とその企業価値を外からの視点で評価しようとする，いわば，物差しの一つである社会的責任投資の考え方について説明する。次に，CSR/ サステナビリティ関連の非財務情報の開示と統合報告書の方向性について，また，企業の社会的責任をとらえるとき重要な概念であるトリプルボトムラインに関し，基本的理解を得よう。

社会的責任投資（SRI）

　社会的責任投資（SRI）とは，ステーク・ホルダーの視点で，財務面や経済
面だけでなく，企業の社会的・環境的責任，さらに，企業倫理的側面まで含め
て投資判断を行う投資行動とされる。あわせて，長期的な視点をもち社会的責
任を果たしている企業ほど堅実に成長が期待される，という考え方をベースと
している。

サステナビリティ・レポーティング

　昨今，投資家は財務情報と同様に，CSR/サステナビリティ関連の非財務情
報についても，比較可能な指標に基づく開示を求めるようになってきている。
特に欧州では，アニュアル・レポートとCSR/サステナビリティ報告書の内容
を合わせた統合報告書の方向に進みつつある。このような情報ニーズに対応す
るため，GRIスタンダード等に準拠する報告書や外部保証，さらには基準審
議会（ISSB）設立等の制度面からの検討も進められている。

ESG 投資

　社会的責任投資（SRI）と企業の社会的責任（CSR）を発展的に統合した考
え方とも言われている。国連が責任投資原則（PRI：Principles for Responsible
Investment）を提唱，欧米の機関投資家を中心にE（環境），S（社会），G（ガ
バナンス）に配慮している企業を重視・選別して行う投資。ESG投資は環境，
社会，ガバナンスを重視することから，長期的にリスク調整後のリターンを改
善する効果があると期待される。

GRI（グローバル・レポーティング・イニシアティブ）

　ここでグローバル・レポーティング・イニシアティブ（GRI：Global Reporting
Initiative）について説明する。

　GRIは，オランダに本拠を置くNGOであり，国際的に企業活動の持続可
能性の報告書における質，厳密さ及び利便性の向上を目的として1997年に発
足した組織である。米国の非営利組織であるCERESと国連環境計画（UNEP）
との事業として発足した。「経済」「環境」「社会」の3つの側面から企業活動

を報告することを奨励しており，GRI の「サステナビリティ・レポーティング・ガイドライン」は，CSR/ サステナビリティ報告書を発行する企業にとって，事実上の世界標準とみなされてきた。2016 年にそれまでの GRI ガイドラインに代わる GRI スタンダードを公表。GRI スタンダードは，報告主体が経済，環境，社会に与えるインパクトを報告し，持続可能な開発への貢献を説明するためのフレームワークを提供している。

　なお，CERES（Coalition for Environmentally Responsible Economies）とは以下の通りである。

　CERES 組織名称は，「環境に責任をもつ経済のための連合」と訳される。これは 1989 年，米アラスカ州の海洋沖で発生したエクソン・バルディーズ号原油流出事故による環境破壊を契機に，投資専門家と環境保護団体を中心に結成された連合組織であり，本部を米国のボストンに置く。本事故は，世界における原油流出海上汚染事故のうちで史上 2 番目の規模と記憶されている。

トリプルボトムライン

　トリプルボトムラインとは，企業活動を経済面だけでなく，社会や環境に関する実績からも評価しようという考え方のことを指す。企業活動が持続可能であるためには，経済的側面に加えて，環境的側面，社会的側面も同様に重要であるとする。企業は損益収支に関わる結果のほかに，人権配慮などの社会面，資源の節約や環境汚染対策などの環境面について，総合的に高めていく必要があるとする。GRI（グローバル・レポーティング・イニシアティブ）のスタンダードも，トリプルボトムラインの考え方に則ってまとめられている。

2-4 社会とは

社会とは何か

　企業の社会的責任を論じる際，では，その前提とする「社会」とはどのように定義され，何を指すのだろうか。また，何を対象として考えるべきであろうか。これらの疑問に答えておくことが必要と思う。

　「社会とは」，これを『広辞苑（第七版）』を引いてみると，次のように定義されている。

　①人間が集まって共同生活を営む際に，人々の関係の総体が一つの輪郭を持って現れる場合の，その集団。諸集団の総和から成る包括的複合体をもいう。自然的に発生したものと，利害・目的などに基づいて人為的に作られたものとがある。家族・村落・ギルド・教会・会社・政党・階級・国家などが主要な形態。「社会に貢献する」

　②同類の仲間。「文筆家の社会の常識」

　③世の中。世間。家庭や学校に対して利害関心によって結びつく社会をいう。「社会に出る」

　④社会科の略。

　企業の社会的責任という言葉での「社会」は，上記の①を踏まえた③の定義が，はまりよく，しっくり理解できるのではと考える。「社会」とは，人々が，コミュニケーションを通じて相互に影響を及ぼし合うことで，固有の結合をつくり上げている状況ととらえることができる。

　マックス・ウェーバーは，社会的事象を説明するには，外面的な因果関係をとらえるだけでは不十分とした。それゆえ，行為者にとっての意味は何か，また本当の動機が何か，明らかにしなければならない。そうでないと，社会的事象の本質が見えてこないと考えた。

日本における社会と企業の関係

「環境」と「消費者」をキーワードとして，主に 1990 年代までの日本における社会と企業の関係について振り返ってみる。

> **環境：**
> 　環境は所与であり，環境対策はコストと位置付けられる。それゆえ法律による規制がなされ，原因者に対し公害や直接被害を救済する訴訟が行われてきた。
>
> **消費者：**
> 　豊かさやモノの消費を通しての自己実現を追求してきた。
> 　見逃されやすい面としての自己責任からの回避があった。その結果，政府や行政への批判が頻繁になされるようになった。

思うにこの展開だけではつまるところ，責任の所在が明確にならないという欠陥がある。「発言には，責任が伴う」という，いわば当たり前の事実がないがしろにされてしまってきた。

みんなの責任は，だれの責任でもない。

Everybody's responsibility is nobody's responsibility.

これは有名な言葉だが，この状況を認めていることになってしまっている。

社会の企業に対する期待は，主に 1990 年代までの日本では，良いものをいかに安く生産・販売し，雇用を維持するか，すなわち大量生産システムを通じて全体としてのパイの拡大により豊かな社会が実現できるとされてきた。社会の企業に対する期待は，基本的にこの次元に集中し，この軸で個人，企業と社会がストレートに結び付けられていた。筆者は，この見方をとることで大きな違和感はない。

粉飾決算（巨額損失隠し），インサイダー取引，食品偽装等，近年わが国企業をめぐり起きてきたさまざまな不祥事を想起してみよう。これらに対し新聞等マスコミを通じて，「企業は社会的責任を果たすべきだ」という批判のコメントがなされ，これらの不祥事がつまびらかになるなかで問われたのが，企業

による「社会」に対する情報開示不足であり，説明責任の欠落であった。次項で企業と説明責任について詳しく見ていくが，説明責任をきちんと果たせることこそが，企業の社会的責任の重要な部分を構成しつつあると考えるものである。

　また，環境の時代と言われる今日，事業活動の中で環境リスクへの対応の重要性は論を待たない。環境に甚大な負の影響を与えた大事故発生の記憶は新しい。環境重大事故回避のため予防原則的アプローチを創り，そして，常にそれを最新化し続けなければならないと考える。

2-5 責任とは

責任とはどのようなものか

　企業の社会的責任（CSR）をとらえるとき，では「責任とは」どのようなものと考えたらよいだろうか。この観点から，法的責任，倫理的責任また経済的責任という使い方を見ていくことで，考えを深めてみる。

①　法的責任

　法的責任は，人権，労働，環境などといった CSR の課題に対して，国内法・国際法のレベルで対応することが求められる。法的責任を果たしていくためには，事業活動を遂行することでリスク管理できる体制の構築が不可欠である。法律は，最低限の守るべき広い意味での行為規範であり，法的責任は権限の裏腹として，すべての企業が例外なく果たさなければならない責任といえる。責任と権限は，同一のものの両面であり，この意味でコンプライアンスという言葉を法令遵守と訳す使い方では，例外なく必ずやらなければならない義務を記しているだけで本来の意味するところと違うのでは，との考え方がありうる。

②　倫理的責任

　倫理的責任では，人権，労働，環境などの CSR の課題に対して，法的責任

より広い範囲における責任が求められる。「差別の道徳」という言葉がある。法律は現実を踏まえたあるべき規範と本来位置付けられる。だが，時代の流れと現実に果たして十分対応しきれているかというと，必ずしも言いきれないのではないだろうか。コンプライアンスの本来の意味するところは，対応する，あるいは応じていくということで社会の要請や期待に的確に応えることを意味する。それゆえ，単に法令遵守に止まらず，常にアンテナを高くして合理的な範囲でより社会の要請や期待に応える体制を構築する必要がある。これを一面から，法令遵守を超えた責任ととらえることは可能である。

③ 経済的責任

経済的責任を果たすことは，企業それ自体の存立の目的といえる。しかしながら，ここで位置付けられる経済的責任は，株主に対しての経済的責任すなわち，短期間に利益を上げて，より高い配当をするといったことだけではない。地球社会の一員として調和ある共存が望まれることを意識し，中長期的視点で従業員や地域社会，自然環境などさまざまなステーク・ホルダーに対して配慮した経営活動を行っているか，その結果，どのような利益配分を行っているかが問われている。

企業人としての責任とは何か

ここで，商社活動の現場に則して，個々人が担っている責任とは何かという観点から考えてみる。

①まず，自分の判断とは関係なく立場上取らなくてはならない責任。

決められたことを遂行するときの組織の一員としての立場を考えればわかりやすい。

②もう一つが，責任感が強いと言われるケース。

どちらかというと自身の心のあり様の場合である。自分が責任をとるかどうかを決め，その結果は世間が潔い人か頼りになれる人かどうかを評価することになる。人徳に関する部分と整理することも可能である。「道義的責任をとる」，

この言葉はよく耳にすることがある。

　責任の種類について，上述の通り大きく2つに分けて整理することが可能と考える。

　「責任」という言葉に言及しているドラッカーの見解から3例，以下参考にしてみる。

「プロフェッショナルの条件」

　責任ある主体であるために，自分には何が求められているか，自分は何をなすべきか，である。大切なのは，やりたいとかやりたくないではない。好きとか嫌いでもない。好きなことをするために報酬を手にしているのではない。

「すべては責任から始まる」

　成功の鍵は責任である。自らに責任をもたせることである。あらゆることがそこから始まる。大事なものは，地位ではなく責任である。責任ある存在になるということは，真剣に仕事に取り組むということであり，仕事にふさわしく成長する必要を認識するということである。

「成長の責任は自分にある」

　成長に最大の責任をもつ者は，本人であって組織ではない。自らと組織を成長させるためには何に集中すべきかを，自ら問わなければならない。

説明責任（Accountability）

　「説明責任を果たしていない」，こういった解説をした報道を目にすることがある。では，この場合の説明責任とは何を指すのであろうか。

　説明責任とは，ある組織において権限のあるものが自分の行ったこと，あるいは，しなければならなかったことをしなかったため招いた結果について，合理的な説明を行う責務を意味する。

　また，個人の資質やモラルに関わる概念である責任（Responsibility）に対し，説明責任（Accountability）は，システム・仕組み・組織などに関わる概念である点が異なる。

普通，経営者が株主，顧客，従業員などのステーク・ホルダーに対して，経営の方針や資金の使途，業務，財務情報など，その活動の結果について報告し，納得させる責務のことをいい，一般に，Accountability は「説明責任」と訳される。

　総合商社などの大規模な企業の場合，ごく数人ですべての活動に目配りすることは現実的ではなく不可能である。それゆえ，説明責任を課し，ホウレンソウ（報告，連絡，相談）を日々円滑に行うことが不可欠である。

　説明責任については，第8章「内部監査概論」で詳しく説明していきたいと思う。ぜひ理解を深めていただきたい。

　個別企業それぞれの社会性を考慮し，消費者，地域住民，取引先（業者）など，ステーク・ホルダーの範囲をさらに広くとらえることもある。

　一方，説明，イコール Account という用語自体を，本来意味する会計責任に限定し，経営者が株主や出資者などに対する会計・財務報告責任だけを指すこともある。

企業と説明責任

　企業のステーク・ホルダーとの適度な距離感を保つため，自社の環境情報等を公開し，ネガティブ情報を含めて「説明責任」（Accountability）を果たすことは重要だ。このためには，環境報告書，サステナビリティレポート，CSR報告書等の発行及び外部監査を受審することが有効と考えられる。

　国民の基本的権利の一つである「知る権利」に対応すること，これも重要な課題である。欧米や日本での情報公開法がそれである。しかし，それだけでは十分とはいえない。経営者は信任受託者である。企業のステーク・ホルダーに対して説明責任がある。

公開性と透明性を原則にすること

　「小人，閑居して不善をなす」と古来言われてきている。これは，人の目がないと油断が生じてよからぬ心が生じるから，人の目のない環境での活動は極力避けること。この教えでもある。

　経営者が常に公開性，透明性そして公正を原則として掲げ企業（事業体）内で徹底することが，おのずと不祥事を減らすことにつながると考えられる。

風通しをよくすること

　風通しが悪かった，と悔やむ言葉が何度も報道される。経営首脳になると，自ら努力しなければ問題を指摘してくれる情報が届きにくくなり，「裸の王様」になりがちと言われる。統制環境を整備し責任をもって内部統制を構築している以上，不祥事発生後のいわば言い訳として，この言葉を使うことはそぐわないと考える。

2-6 事業活動と企業の社会的責任（CSR）

　企業の社会的責任（CSR）を重視した経営とは，どのようなものととらえることができるだろうか。株主，取引先，従業員，消費者，さらには地域社会などのステーク・ホルダーの信頼と期待に応え，CSR を重視した経営を積極的に推し進め，その結果，持続的に企業価値を高めることと考えられる。

　企業の社会的責任とは，事業活動を行う企業の決定や活動，また存在が社会や環境に与える影響に対する責任をいい，企業が社会的存在として継続企業体たりうるための経済的役割に加え，環境・社会的側面に配慮した透明性の高い行動を継続的に企業活動の中に組み込むことをいう。

　CSR 活動の中心は本業にあり，その質とプロセスを高めることといえる。

企業倫理とは

　企業の社会的責任を考えるとき，企業倫理や企業人の倫理というとらえ方について考え方を整理しておくことは必要である。すなわち，われわれが日常使っている倫理という言葉を，法人たる企業に結び付けて「企業倫理」，または「企業人の倫理」という形で使う場合である。これについては，使い方自体に基本的誤解を招きかねない面がありうること。「差別の道徳」という言葉があ

る。個人の倫理観の問題と整理してしまうと，本質が見えてこないことがありうること。それゆえ，正しい理解を得るためには，できる限り具体的に活動を表現することが必要で，「企業倫理」等の言葉で言いきることは避けるようにしなければならない。こうすることが問題の本質を理解するために必要である。

ドラッカーのいう企業倫理

ドラッカーは，「マネジメント」において「企業倫理」という用語の問題を，次の通り指摘している。

- 「企業倫理や企業人の倫理については，数えきれないほど説かれてきた。だが，それらのほとんどは，なんら企業と関係がなく，倫理ともほとんど関係がない」
- 企業倫理に関係がないにもかかわらず，企業倫理として説かれてきたことの典型が，企業人たる者，悪いことはしてはならないだった。企業人は，ごまかしたり，うそをついたりしてはならない。
- しかし，これは企業人ならずともしてはならないことである。社長になったら人間でなくなるわけではない。また，社長になるまでは悪いことをしてもよいというわけでもない。
- 企業倫理に関係がないにもかかわらず企業倫理として説かれてきたことのもう一つが，企業人たる者，紳士淑女として恥ずかしい仕事の仕方をしてはならないということだった。
- ドラッカーは，顧客をもてなすためにどのような対応をするかは，その個人の美意識の問題という。翌朝鏡の前に立ったとき，そこにいかなる自分を見たいか。
- 最近，これら二つの問題にもう一つテーマが加えられている。地域社会において，積極的かつ建設的な役割を果たすことが企業人の倫理だという。だが，ドラッカーは，その種の活動は強制されるべきものではないという。その種の活動を命じ圧力をかけることは，組織の力の濫用である。
- マネジメントに関わる人間に特有の倫理とは，彼らが社会においてリーダー的な地位にあることから生じる。リーダー的な地位にあるということは，プロフ

ェッショナルだということである。同時に，義務も与えられているということ
である。そこで，プロに要求される倫理が，古代ギリシャの哲人で医学者のヒ
ポクラテスが教えた医師のための誓い，「知りながら害をなすな」である。

- ドラッカーは，「医師，弁護士，あるいは組織のマネジメントのいずれであろ
うと，顧客に対し，必ずよい結果をもたらすと保証することはできない。最善
を尽くすことしかできない。しかし，知りながら害をなすことはしないとの約
束はしなければならない」という。

- 「顧客となるものは，プロたるものは，知りながら害をなすことはないと信じ
られなければならない。これを信じられなければ何も信じられない」

〔ドラッカー『時代を超える言葉』上田惇生著，ダイヤモンド社〕

2-7 ステーク・ホルダー

　企業はその事業活動を行う際に，諸種のステーク・ホルダーとの関与が必然
である。資本を有するものから出資や融資を受け資本調達を行い，労働力を有
するものを従業員として雇用し，生産流通活動に必要な設備機器の購入及び原
材料や部品の仕入れも行っていく。事業活動を行う上で，欠かすことができな
い営業許可等を所管官庁より得，また，その監督に従うことも不可欠であり，
加えて，必ず果たさなければならない義務として納税もありうる。

　なお，ステーク（Stake）という用語には，出資や利害関係，賭け金などの
意味があることは辞書で確認できる。

企業と市場，そして社会

　企業の社会的責任（CSR）を考える際に，抽象的ともいえる「社会」という
漠としたものをより具体的にとらえられるようにするのがステーク・ホルダー
という概念である。ステーク・ホルダーをとらえ，かつ整理する上で前提とす

る「社会」の枠には環境問題も含まれていると，考えることとしたい。ここで「企業」と，経済学でいう「市場」と「社会」（すなわち，社会及び環境）の関係を考えてみよう。

〔企業と市場，そして社会との関係〕
- ■従来の見方：企業⊆市場⊆社会
  すなわち，企業は市場の一部であり，その市場は社会を構成している。これに対し，
- ■ステーク・ホルダーの概念からの見方：企業↔ステーク・ホルダー
- ■ステーク・ホルダー＝すべての利害関係先＝社会の主要構成要素
  すなわち，すべての利害関係先と言い換えることが可能なステーク・ホルダーは，社会の主要構成要素でもある。企業はステーク・ホルダーとコミュニケーションを行うことで影響を及ぼし合う。

　企業，市場と社会の関係と位置付けは，従来であれば企業が出発点で，市場がその企業を内包する。そして，その市場を包含する形での社会の存在，ととらえることが可能であった。すなわち，市場が社会の見えざる声を反映し，それに企業が対応するようにとらえられてきた。これに対し，ステーク・ホルダーの概念を用いることで，企業は社会の構成要素ともいえるステーク・ホルダーとの直接的な関係をとらえることが可能になっている。

　なお，ここでのステーク・ホルダーは，企業と取引関係を維持するもののみを指すだけではなく，企業に対して利害関係を有するすべての関係先を意味する。これからの顧客も当然含まれる。また，企業活動への影響は，利害関係を有する直接的なものばかりでなく，市場を通さない間接的なものも大きくなってきている。一方，ここで留意しておかなければならないことがある。それは，ステーク・ホルダーの要求の総和は，社会からの期待とは同じではないということである。言わずもがなであるが，社会からの期待とステーク・ホルダーの要望は，異なることがありうるという明確な事実である。

　企業は，種々ステーク・ホルダー間での相互に矛盾する複数の要求の均衡と調整を通じてその企業としてやるべきこと，そして，そのなかでやれることを絞り込み目的とする。企業はステーク・ホルダーのすべてに対して責任を有する。株主にとって配当は，上場企業の場合重要な関心事でありその企業への出資の目的の一つである。しかしながら，ステーク・ホルダーのうちで，株主は特別な優先順位を必ずしも与えられていないとされる。

国連グローバルコンパクト　10 原則

　グローバルで事業活動を展開している企業の社会的責任をとらえる際，自主行動原則の一つと位置付けられる国連グローバルコンパクト 10 原則に関し，概要をつかむ。そして，次に，（社）日本貿易会*の商社行動基準を読み比べることで，商社活動と企業の社会的責任について理解が深められると考える。

　＊（社）日本貿易会は，わが国の貿易に関する全国的な民間中枢機関として広く一般企業・団体等を会員に 1947 年 6 月に設立され，その後，1986 年 6 月貿易商社及び貿易団体を中心とする貿易業界団体に改組し，2012 年 4 月一般社団法人に移行。

〔一般社団法人　日本貿易会，ウェブ・サイトより引用〕

　国連グローバルコンパクト 10 原則とは，1999 年 1 月，スイスのダボスで開かれた世界経済フォーラム（ダボス会議）で，アナン国連事務総長（当時）が「民間企業のもつ創造力を結集し，弱い立場にある人々の願いや未来世代の必要に応えていこう」と提唱した企業の自主行動原則と位置付けられる。グローバリゼーションの恩恵を受けている企業が国連グローバルコンパクトの定める 4 分野（人権，労働，環境，腐敗防止），10 原則を守ることを目指している。世界各地の多くの企業や市民組織等が参加している。

国連グローバルコンパクト　10原則

・人権

原則1. 企業は，国際的に宣言されている人権の擁護を支持，尊重し，

原則2. 自らが人権侵害に加担しないよう確保すべきである。

・労働

原則3. 企業は，組合結成の自由と団体交渉の権利の実効的な承認を支持し，

原則4. あらゆる形態の強制労働の撤廃を支持し，

原則5. 児童労働の実効的な廃止を支持し，

原則6. 雇用と職業における差別の撤廃を支持すべきである。

・環境

原則7. 企業は，環境上の課題に対する予防原則的アプローチを支持し，

原則8. 環境に関するより大きな責任を率先して引き受け，

原則9. 環境に優しい技術の開発と普及を奨励すべきである。

・腐敗防止

原則10. 企業は，強要と贈収賄を含むあらゆる形態の腐敗の防止に取り組むべきである。

一般社団法人　日本貿易会「商社行動基準」

[まえがき]　われわれ商社は「総合商社行動基準」を1973年に制定して以来，社会の商社活動に対するさまざまな意見を真摯に受け止め，企業としての社会的責任と行動原則を明確にすべく，時代の変化と社会の要請に応えた改定を加えながら，この行動基準を発展させてきた。

　商社の活動は，全世界のあらゆる産業分野にわたっており，かねてより持続可能な社会の実現こそがわれわれの責務であるとともに，企業活動の基盤としても不可欠であると認識し行動してきた。今日，SDGsなど持続可能な社会の実現を目指す活動の国際的な広がりは，商社の社会的使命の重みを一層増すと同時に，ビジネス

展開にとっても大きな機会を提供するものである。

　われわれ商社は，こうした社会の変化に対して絶えず意識改革を図り，自らの経営を革新しなければならない。また，関係法令と国際規範の遵守，情報開示を社会的責任の中核に位置付け，変化する社会，経済の要請を的確に捉えるとともに中長期的な視野に立った継続的取組みに，商社の持つ機能を十分に発揮することで，持続可能な社会の実現に貢献すべきである。

　われわれ商社は，その社会的な使命を自覚し自らの行動のあり方を問い，会員商社の自発的な取組みを促すことを目的に，この商社行動基準を策定する。
　1973年5月10日　「総合商社行動基準」制定
　1999年7月8日　「商社行動基準」へ改定
　2005年6月16日　同基準改定
　2012年4月1日　　一般社団法人へ移行
　2018年3月22日　同基準改定

第1章　経営の理念と姿勢　われわれ商社は，果たすべき役割と社会的責任を常に自覚し，環境，社会，経済の3つの側面から長期的視点に立った企業活動を行うとともに，それら企業活動を通じ持続可能な社会の実現に努める。
1.　株主，取引先，消費者，従業員，地域社会など，多様なステークホルダーと積極的なコミュニケーションを行い，その期待に応えるとともに常に新しい価値を創造する経営を行う。
2. 経営トップが自ら率先して，経営を時代の変化に応じて改革するとともに，社をあげて企業倫理の確立に努める。
3. すべての人々の人権を尊重する経営を行う。
4.　地球環境の健全な維持と社会の持続可能性に十分配慮した活動を行うとともに，地球的規模での環境問題や社会的課題解決に積極的に取り組む。

第2章　機能と活動分野　われわれ商社は，SDGsの諸目標達成を念頭に置き，環

境，社会，経済の変化を的確に把握し，社会の要請に即した広範な機能を発揮する。

1. 全世界にわたって情報を収集あるいは提供し，多様化する顧客や市場のニーズに応えるとともに，イノベーションを通じて，社会的に有用な財・資源・サービスの提供に努める。

2. 世界に広がるさまざまな潜在的ビジネス機会を発掘し，それを社会的に価値あるビジネスとして創出する役割を発揮し，社会的課題の解決と持続可能な経済成長の実現に貢献する。

3. 国際的な活動に際しては，各国政府・国際機関・多様な組織や団体・企業などとのパートナーシップを推進するとともに，自由な貿易・投資の促進を図ることを通じて，世界の調和ある発展と地域経済の興隆に寄与する。

第3章　ガバナンスと危機管理　われわれ商社は，その社会的責任の重要性を自覚し，遵法はもちろん，国際規範や社会通念にも配慮し，情報開示をより重視した透明性のある経営を行う。同時に市民生活や企業活動へのさまざまな脅威に対する危機管理を徹底する。

1. 企業活動にあたり，内外の法令遵守はもとより，国際的なルールや慣行およびその精神に則り，社会的良識をもって行動する。
   また，公正かつ自由な競争の確保が市場経済の基本ルールであるとの認識の下に，適正な取引，責任ある調達をはじめとする企業活動を行い，政治・行政との健全な関係を維持する。

2. 経営の意思決定機関を真に活性化させる仕組みを構築するとともに，監査機能を強化し，意思決定者の経営判断，適法性などにつき常にチェックを行う。

3. 企業情報の開示にあたっては，適時・適切に公開し，高い透明性の保持に努める。

4. テロ，サイバー攻撃，自然災害などに備えた危機管理と情報セキュリティの確保を徹底する。

第4章　社会参画と社会との相互信頼の確立　われわれ商社は，内外にわたり，

社会との相互信頼関係を確立し，良き企業市民として積極的に社会に参画し，その発展に貢献する。

1. 海外においては，各国，各地域の文化，習慣，言語を尊重し，地域の諸活動への参加などを通じ民間外交の担い手として貢献する。
2. 株主，取引先，消費者，従業員，地域社会など，多様なステークホルダーとのコミュニケーションを促進し，企業活動に関する情報を積極的に開示するとともに，地域の発展や快適で安全な生活に資する活動への協力を通じ，ステークホルダーとの信頼関係を確立する。
3. 市民活動の秩序や安全に脅威を与える反社会勢力および団体とは一切の関係を持たず，毅然とした態度で臨む。

第5章　働き方の改革と働きがいある職場環境　われわれ商社は，従業員のゆとりと豊かさを実現するとともに，従業員の多様性，人格，個性を尊重し，能力と独創性が十分発揮できる活力のある企業風土を醸成する。

1. 従業員の健康と安全に配慮した職場環境づくりを行う。
2. 従業員の人権を尊重し，機会の均等を図る。差別的な扱いに対しては断固たる対応を行う。
3. 従業員の多様性，個性を尊重し，従業員のキャリア形成や能力開発を積極的に支援する。

第6章　経営トップの役割と本行動基準の周知徹底　われわれ商社は，本行動基準の精神の実現が経営トップ自らの役割であることを認識し，率先垂範して企業グループ内に周知徹底するとともに，サプライチェーンに対しても本行動基準の精神に対する理解と実践を促す。また，本行動基準の精神に反して問題が発生した時には，経営トップが率先して問題解決，原因究明，再発防止などに努め，その責任を果たす。

以上

キーワード解説

■市場の失敗

　さまざまな財やサービスの市場において，市場の価格メカニズムによって資源
の効率的配分が達成されないことを指す。今日の社会では，地球環境問題に現れ
ているように，「市場の失敗」は例外的な事象ではなく，一般的に見られる現象
となっている。地球環境問題，公害問題，情報の非対称性，自然独占などが市場
の失敗をもたらす要因とされる。市場が何ゆえ失敗するかを考えるとき，人間の
自己中心的かつ利己的な行動が問題になることがある。

■サプライチェーン

　マーケティングの用語であり，製品・サービスを提供するサプライヤー側から
見て，製品設計，原料調達，製造，流通，そして小売販売までの活動全体に含ま
れる企業の集合を指す。

■経営トップ

　企業の最高責任者または経営者と同義。社長，CEO，代表取締役，取締役等
企業ごとに呼称は異なる場合がありうる。雇用関係からは使用者である。

■オーガニゼーション（Organization）

　Organization という語は，専門分野や見解が異なる際，さまざまに訳されてき
ている。事業体，組織体，組織，機構，企業等がそれである。それゆえ，そこで
定義された範囲と対象を確認する必要がある。本書では，商社または総合商社を
想定していることから，可能な限り対応する用語は「企業」で統一している。

■フィランソロピー（Philanthropy）

　企業による社会貢献活動を指す。

■非財務情報

　有価証券報告書等に記載されている財務情報には含まれないが，企業の実態を
分析する上で欠かすことのできない，いわば定性的情報を指す。CSR 報告書等
と有価証券報告書を合わせた統合報告書の方向性が望まれているが，この場合の
サステナビリティ報告書・CSR 報告書の情報は非財務情報と整理可能である。

■ 統合報告書

非財務情報と財務情報を一つにまとめ報告する形式をとるもの。

■ アニュアル・レポート

企業が主に海外の株主などの利害関係者に対し，一事業年度の財政及び経営成績についての結果を取りまとめた年次報告書をいう。

■ 国連環境計画（UNEP）

国連機関による環境活動の調整などに当たる国連人間環境会議の決議に基づき，1972 年ケニアのナイロビに本部を置き設立された国連機関。環境報告書や環境会計の基本を策定。

■ エクソン・バルディーズ号原油流出事故

1989 年に米アラスカ州プリンス・ウィリアム湾にて原油タンカー「エクソン・バルディーズ号」が起こした大規模な原油流出事故。約 4 万 2 千キロリットルの原油が海上に流出された結果，少なくとも 350 マイル以上の海岸を汚染し，ニシン，鮭等の魚類，海鳥，海獣等が甚大な被害を受けた。この事故を契機として，CERES（Coalition for Environmentally Responsible Economies）が，企業が環境に果たすべき 10 原則「バルディーズ（セリーズ）原則」を発表した。

■ 信任受託者

法律上，会社法上の取締役として経営者は善管注意義務を負う。

■ 企業倫理

企業が社会的に守るべき道徳。また，それを研究する応用倫理学の一分野。経営倫理。

■ 予防原則

因果関係において科学的な不確実性が残っていても，大きな被害が予想できる場合は，早めに対策をとるという考え方。この原則が適用される例として，地球温暖化問題対応を図るための京都議定書・パリ協定が挙げられる。

第3章

地球環境への責任

責任ある企業経営において決してないがしろにできないことに，地球環境問題への対応が挙げられる。世界と日本における環境問題の変遷及び環境リスクへの対応，そして，これらを踏まえた総合商社の海外事業の一端についてまとめる。

3-1 「リオ・地球サミット」と地球環境問題対応の変遷

1972年国連人間環境会議で，「人間環境宣言」が採択され，1992年リオ地球サミットにおいては，気候変動枠組条約と生物多様性条約が署名された。

そして，20年ごとの大きな節目として，2012年にはリオ・プラス20を迎えた。

先進国において，20世紀の初頭から第一次・第二次大戦を経て，1970年代にかけて社会問題化したのが，「公害」の発生である。

先進国でその公害問題に一定の改善が見られた1980年代から，今度は，地球温暖化やオゾン層破壊，砂漠化，酸性雨，海洋汚染，野生生物種の減少など，全地球的規模での問題が次々とあらわになった。

今日，これら地球環境問題は，世界の人々が直面する，まさに重要な課題と認識される。そして，そのプロセスは多岐にわたり，それぞれに関連し合った複雑な様相を示している。

[地球サミットの歴史]

1972 年　国連人間環境会議（ストックホルム会議）開催
　　　　　・人間環境宣言採択
1992 年　国連環境開発会議「リオ地球サミット」
　　　　　・環境と開発に関するリオ宣言，アジェンダ 21
　　　　　・気候変動枠組条約署名（2005 年京都議定書発効）
　　　　　　　　　　　　　　　　　（2016 年パリ協定発効）
　　　　　・生物多様性条約署名　（2010 年「名古屋議定書」採択，2014 年発効）
2002 年　持続可能な開発に関する世界首脳会議（環境開発サミット）開催
　　　　　・持続可能な開発に関するヨハネスブルグ宣言採択
2012 年　リオ・プラス 20
2015 年　気候変動枠組条約パリ協定採択

　地球環境問題をとらえようとするとき，個人や一企業としての対応で解決を図ることができるのであれば，一人一人が襟を正して行動するといった意識のもちようで，大きな問題の発生やダメージを避けることができる。しかしながら，地球規模の環境問題対応は，個人や一企業の努力だけでは解決できるものではないことは明らかである。この共通認識のもと，地球温暖化（気候変動）に焦点を当てて，地球サミットの歴史について，整理してみると上に示すようになる。

3-2 日本における環境問題の変遷と環境リスク

循環型社会へ

　ほぼ半世紀前，高度経済成長期の日本では，水俣病（みなまたびょう），大気汚染ぜんそく，イタイイタイ病など「四大公害病」が発生し大きな社会問題となった。

　環境基本法によれば，大気汚染，水質汚濁，土壌汚染，騒音，振動，地盤沈下，悪臭からなる環境汚染が，典型7公害と，下にあるように，規定されている。これらが，国民の健康や生活環境にさまざまな悪影響を及ぼしてきたことは，周知の通りである。

> **環境基本法（1993年11月，制定）**
> （定義）第2条
> 3　この法律において「公害」とは，環境の保全上の支障のうち，事業活動その他の人の活動に伴って生ずる相当範囲にわたる大気の汚染，水質の汚濁，土壌の汚染，騒音，振動，地盤の沈下及び悪臭によって，人の健康又は生活環境（人の生活に密接な関係のある財産並びに人の生活に密接な関係のある動植物及びその生育環境を含む。）に係る被害が生ずることをいう。
>
> （括弧付き部分一部省略）

　環境汚染が問題になった当初は，特定の環境問題と特定の企業の対応であった。公害問題の直接的な原因者と被害者は明確であり，環境規制が導入され，工場から排出される汚染物質が規制されたことで，深刻な公害問題は減少してきた。そしてこの段階から，次に原因者が複数かつその影響が広範囲に及ぶ環境問題への対応と変化を遂げてきた。そして近年，廃棄物問題など企業だけではなく，消費者も直接的な原因者の一角を占めるようになった。海洋プラスチックによる海洋汚染も問題である。一人一人が改善に向け，循環型社会の構築に寄与することが求められる段階へと進化してきた。

　視点を変えてみてみると，当初は，人体に有害な物質の排出をいかに削減するか，あるいは，それによる被害をいかに修復するか，この対応に焦点が当てられた（69ページ**図表5**参照）。

　しかし，今日の地球環境問題のうちで，喫緊の課題とされる地球温暖化問題における主たる原因は，物質そのものではない。CO_2（二酸化炭素）はドライアイスを例にすればわかりやすいが，人体に無害であり，本質は物質そのものの有害性の有無ではなく，地球が人間活動から排出される CO_2 を吸収しきれなくなったところにある。つまり，人類の活動規模の拡大と地球の吸収力のバランスが崩れつつあることが，地球温暖化問題の根本であるということができる。また，化石燃料の使用増大と密接に絡む地球温暖化問題は，エネルギー問題と合わせ対応していかなければならない重い課題でもある。地球環境問題は，地球規模での成長の限界を認識しなければならない人類共通の成長問題ともいえるのである。

　持続可能な開発が可能でない水準まで，過度な資源の開発や地球環境の酷使はしないこと。あるべき姿としてとらえれば，国や企業がこれに異を唱えることは考えにくいと思う。しかしながら，これを共通の前提として各企業の活動規模を規制すること。言い換えれば，あらかじめ各企業や国に上限（CAP）をはめることが，自由競争の世界であり，果たしてできるのだろうか。加えて世界的人口増を所与としたとき，果たして国や一企業の立場で同意できるのであろうか。グローバル化された自由競争の世界において，国や企業によっては，現実行動としてこの前提を顧みない行動をとらざるをえないこともありうる。これが現実ではないだろうか。健全な企業として活動を継続する上で，社会の成熟に合わせ，あらかじめ上限をはめられることは所与であり，受け入れなければならない立場をとるべきと，個人的見解ではあるが筆者は考える。

　温暖化問題対応のポスト京都議定書の体制について，自主規制を各国が前提とすべきとの議論が勢いを増し，2015年末COP21においてパリ協定が採択

された。しかしながら，強制力をもたない自主規制では，国や地域相互間での利害調整がかなわない。その結果，地球規模での上限を認め受け入れることはきわめて難しい。つまるところ，たとえ CCS（地下貯蔵）など考えられうる対応策が実用化され，かつ主要排出国が排出量を「GDP 当たりの削減率」で減らすとみなす取り組みがとられても，地球自体の吸収力に限界がある以上，強制力をもたないその限界は明白である。このように筆者は考える。

　持続可能な開発が可能であるように地球環境を阻害しないこと，あわせて同時に企業としての成長の実現を長期的観点から継続すること。加えて，透明性の高い経営を行っていくこと。個別企業の業態に関わりなく，これらを CSR 経営の本来の目的と位置付けることは可能である。この目的を達成していくなかで，われわれを取り巻く事柄に関して，次の 3 本柱で整理してみる。

・経済成長
・環境保全
・社会発展

　この 3 本柱は，言い換えれば，トリプルボトムラインととらえるとわかりやすい（次ページ**図表 3**参照）。
　この図表を解説すると次のようになる。
　①　経済成長と環境保全は，均衡し両立が求められる。
　②　社会と経済成長は，公平さが担保されなければならない。
　③　社会と環境保全は，共に存在しなければならないし，共存関係にある。
　その中心にある「人」の立ち位置を，個人の場合と，法人の場合とにそれぞれ置き換えて考える。こうすることで企業の社会的責任とは何かについて，個人として客観的に理解しやすくなると考える。

図表3　CSR（企業の社会的責任）の基本的な考え方

経済・社会・環境「トリプルボトムライン」を機軸とし，
Sustainable Development（持続可能な開発）の認識＋透明性の高い経営（情報開示）

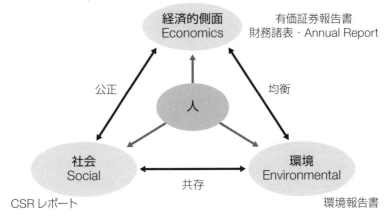

事業活動において環境対応に配慮することを客観的に示す指標として，環境効率という概念がある。環境にかけている負荷を数値化することで，はじめて環境効率が検証可能なものになる。この前提は，つまるところやはり，価値判断の領域と整理せざるをえないと考えるが，次の式を参照にして，この概念を確認してみる。

$$環境効率＝\frac{付加価値}{環境負荷}$$ ＊付加価値は，生産量や売上高を指標とする。

環境の時代と言われて久しいが，昨今では，環境経営という言葉を目にすることが少なくなってきている。なぜなのだろうか。それは，ポジティブにとらえた際，社会の変化に沿って環境経営が深化してきた結果，もはや特別に言わなくても，事業遂行そのものが，イコール環境経営とみなせる潮流が確立してきたからと考える。この観点から，織り込まれた環境経営は，CSR経営の重

要な部分を構成しているとみなすことができる。

　言い換えると，環境は，外部不経済と位置付ける段階はすでに過ぎ，企業価値を評価する際に，経済コストとしてあらかじめ組み込まなければならない。そして，無視しえない重要な要素と踏み込んで整理しなければならなくなっている。

環境問題の変遷

　前ページ**図表3**で示したように，環境問題を環境・社会・経済，3つのトライアングルでとらえてみると，過去半世紀の間に，環境問題の位置付けと範囲は大きく拡大してきた。

　さらに次ページ**図表4**を見ると，事業活動における企業の立ち位置も，自社単独での法規制対応段階から，市場を通じて顧客や取引先と協働する本業での対応が不可欠となってきている。

　われわれは，ローマクラブ「成長の限界」から「持続可能な開発」に向けて，地球の有限性を前提とした経済発展の可能性の限界を認識し，着実に活動していかなければならないと考える（**図表5**参照）。そのためには，大量生産・大量消費・大量廃棄の資源消費型成長志向社会から，循環型環境共生社会へと目指す方向を統一してきている。日本の進むべき方向は，こちらであることに異議はないと考える。

　さらに過去半世紀における地球環境関連との視点で，日本での流れを整理してみると70ページの資料のようになる。

図表4　企業の環境・CSR戦略

気候変動問題・地球環境問題は，エネルギー問題とあわせ対応しなければならない喫緊の課題である。
企業の環境・CSR戦略において，本業における環境への対応が一層重視される。

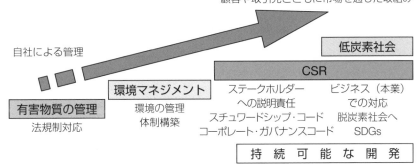

顧客や取引先とともに市場を通じた取組み

自社による管理

低炭素社会

CSR

環境マネジメント
環境の管理
体制構築

ステークホルダー
への説明責任
スチュワードシップ・コード
コーポレート・ガバナンスコード

ビジネス（本業）
での対応
脱炭素社会へ
SDGs

有害物質の管理
法規制対応

持　続　可　能　な　開　発

図表5　地球環境問題の変遷

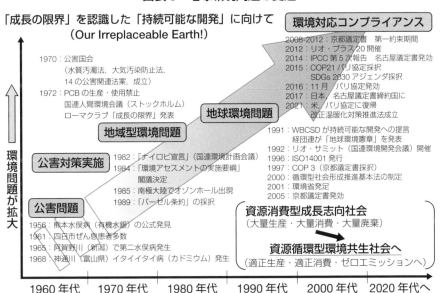

「成長の限界」を認識した「持続可能な開発」に向けて
（Our Irreplaceable Earth!）

環境対応コンプライアンス

2008-2012：京都議定書　第一約束期間
2012：リオ・プラス20開催
2014：IPCC第5次報告　名古屋議定書発効
2015：COP21パリ協定採択
　　　SDGs 2030アジェンダ採択
2016：11月　パリ協定発効
2017：日本，名古屋議定書締約国に
2021：米，パリ協定に復帰
　　　改正温暖化対策推進法成立

1970：公害国会
　　　（水質汚濁法，大気汚染防止法，
　　　14の公害関連法案，成立）
1972：PCBの生産・使用禁止
　　　国連人間環境会議（ストックホルム）
　　　ローマクラブ「成長の限界」発表

地球環境問題

地域型環境問題

公害対策実施

1982：「ナイロビ宣言」（国連環境計画会議）
1984：「環境アセスメントの実施要綱」
　　　閣議決定
1985：南極大陸でオゾンホール出現
1989：「バーゼル条約」の採択

1991：WBCSDが持続可能な開発への提言
　　　経団連が「地球環境憲章」を発表
1992：リオ・サミット（国連環境開発会議）開催
1996：ISO14001発行
1997：COP 3（京都議定書採択）
2000：循環型社会形成推進基本法の制定
2001：環境省発足
2005：京都議定書発効

公害問題

1956：熊本水俣病（有機水銀）の公式発見
1961：四日市ぜん息患者多数
1965：阿賀野川（新潟）で第二次水俣病発生
1968：神通川（富山県）イタイイタイ病（カドミウム）発生

資源消費型成長志向社会
（大量生産・大量消費・大量廃棄）

資源循環型環境共生社会へ
（適正生産・適正消費・ゼロエミッションへ）

環境問題が拡大

1960年代　1970年代　1980年代　1990年代　2000年代　2020年代へ

[日本と地球環境問題の歴史]

公害問題

1956 年　熊本水俣病（有機水銀）の公式確認。

1960 年代　いわゆる公害問題が発生。

公害対策の実施

1970 年　公害国会。公害関係 14 法案が成立。

1972 年　PCB の生産・使用禁止。国連人間環境会議（ストックホルム）
　　　　　ローマクラブ「成長の限界」が発表される。

地域型環境問題

1989 年　バーゼル条約の採択

地球環境問題

1987 年　国連のブルントライト委員会
　　　　　「われら共有の未来」，公表される。

1991 年　持続可能な開発のための世界経済人会議（WBCSD：The World Business
　　　　　Council for Sustainable Development）が持続可能な開発への提言

1992 年　リオ・サミット（国連環境開発会議）

1996 年　ISO14001 発効

1997 年　COP3　京都議定書の採択

2000 年　循環型社会形成推進基本法の制定

2001 年　環境省発足

2005 年　京都議定書が発効

2007 年　IPCC（国連の気候変動に関する政府間パネル）第 4 次評価報告書

2008-2012 年　京都議定書第一約束期間

2012 年　リオ・プラス 20 開催

2014 年　IPCC（国連の気候変動に関する政府間パネル）第 5 次評価報告書
　　　　　名古屋議定書（ABS）が発効

2015 年　COP21（パリ協定採択）

2016 年　パリ協定が発効

2021 年　改正地球温暖化対策推進法の成立

3-3 商社は環境リスクをどうとらえているか

商社業界の環境問題への取り組み

　環境問題は，エネルギー問題のみならず，さまざまなレベルの経済活動とともに発生しており，経済活動と環境との関わりを体系的に理解することが求められている。そのため，どのように企業は環境問題に対処していけばよいのかに関し，具体的問題について考察するとともに，基本的で重要と思われる概念・考え方についても，理解を深めることが大切である。

　商社業界の環境問題への取り組みをとらえようとするとき，まず確認すべきは行動基準である。その参考として，社団法人日本貿易会「商社環境行動基準」を，以下に示す。

社団法人　日本貿易会「商社環境行動基準」

　2002 年 2 月(社)日本貿易会は，「環境行動基準」を制定し，2010 年 6 月付けにて，CSR という用語を盛り込み「商社環境行動基準」への改定を行った。次ページに，その(社)日本貿易会「商社環境行動基準」を(社)日本貿易会ウェブ・サイトより引用する。

商社活動と環境リスク対応

　商社活動において，環境と安全のリスク・マネジメントの重要性は論を待たない。

　企業の社会的責任（CSR）の観点から，環境事故など不測の事態の発生を未然に防止すること。そのために効果的環境管理の充実は必須である。環境マネジメントと安全は，表裏一体の関係といえる。新たな事業領域で積極的に投資を行う際，また，既存事業におけるリスク・マネジメントの観点からも，環境リスク対応は，商社活動における「企業の社会的責任」の中で最重要の課題の一つである。

一般社団法人日本貿易会　商社環境行動基準

2002 年 2 月 14 日「環境行動基準」制定,
2010 年 6 月 16 日改定

1. **基本理念**　環境問題は，地球温暖化や生物多様性の危機に代表されるように，その影響が地球的拡がりを持ち，人類の存続にも係わるグローバルな問題から，廃棄物処理等の地域的な問題までさまざまであるが，それぞれの問題に適切に対応していくことがますます重要になってきている。

　　われわれは，地球環境の健全な維持と国際社会の調和的発展を目指す「持続可能な発展」の実現に向けて努力することにより，広く社会に貢献する。

2. **基本方針**　われわれは，国内外においてさまざまな財・資源・サービスを提供するとともに，開発事業ならびに事業投資活動等を展開している。このような活動にあたってわれわれは，基本理念の実現に向けて，以下の基本方針を定める。

（1）経営の基本姿勢：環境問題の重要性を理解・認識し，経済発展と地球環境保全の両立に十分配慮した企業経営に努める。

（2）環境関連法規制等の順守：企業活動にあたり，国内外の環境関連法規制はもとより，国際ルールや慣行を順守する。

（3）環境管理体制の確立：ISO14001 環境マネジメントシステム等を活用し，グループ会社を含めて環境管理体制を確立し，環境問題への的確な対応と，環境問題の未然防止に努める。

（4）低炭素社会の構築への寄与：低炭素社会の構築が世界的緊急課題であるとの認識に基づき，世界の温室効果ガス削減に積極的に取り組む。

（5）循環型社会の構築への寄与：資源は有限であるとの認識に基づき，循環型社会の実現を目指して，廃棄物の発生抑制・リサイクル，資源の有効利用等に積極的に取り組む。

（6）生物多様性への配慮：生物多様性が持続可能な社会にとって重要な基盤であるとの認識に基づき，これに配慮した企業活動を推進する。

（7）社会への貢献：商社の特色ある企業形態を活かし，環境保全事業，あるいは環境負荷低減事業を推進するとともに，環境問題に関わる社会貢献活動を積極的に支援，推進する。

　商社のみならず大規模に事業を展開する各企業とも環境問題対応を重要視し，社内意識の向上に力を注いでいる。また，そのために各社ともさまざまな施策を導入し，実行し続けてきている。「人は忘れるもの」このように言われて久しい。それだからこそ定着を図ること，そのために繰り返し徹底していくことが欠かせない。

　総合商社では，原料や商品特性をよく知ったプロとして責任を負いつつ業務を遂行する。その商社活動において，環境事故などの万が一の不測な事態が起こらないよう，各社とも留意しつつ活動を続けている。

　環境対応の指針とする，総合商社各社の環境方針をウェブ・サイト等で確認してみる。このことは理解の助けになる。また，グローバルを前提とした，あるべき環境対応の基本方針について考えを深めるため，一例として，次ページに三井物産「環境方針」を取り上げる。

総合商社の環境リスク対応の実施状況

　総合商社の環境リスク対応施策の実施状況については，三井物産サステナビリティレポート 2020「Environment」（同社ウェブ・サイト）を参照してみる。そうすることで，グローバルを前提とした基本方針の具体的対策実施例を検討し，考えを深めることが可能である。

三井物産「環境方針」

基本理念

三井物産は，大切な地球と人びとの豊かで夢あふれる明日を実現し，「世界中の未来をつくる」ことを経営理念に掲げています。この理念の実現に向け，「環境と調和する社会をつくる」ことをマテリアリティ（経営の重要課題）の一つとして位置づけています。

三井物産は，グローバル・グループで経済と環境の調和を目指し，持続可能な発展の実現に向けて最大限努力します。

行動指針

当社グローバル・グループの事業活動において，気候変動への対応，生物多様性に配慮した自然環境の保全および汚染の予防を含む適切なリスク管理体制を構築し，定期的に評価し，継続的な改善を行います。また，環境への負荷を軽減する技術の開発と普及に努め，環境に対する一層の責任を担うため以下の行動指針を定めます。

1. 環境関連法規の遵守

事業活動の推進にあたっては，環境関連法規，及びその他当社が合意した協定等を遵守する。

2. 資源・エネルギーの効率的活用＊

事業活動の中で，資源・エネルギー・水の効率的活用，有害廃棄物を含む廃棄物の発生抑制・再利用・リサイクルの徹底と適正処理を行い，環境への負荷を低減する。

3. 商品・サービスの提供，既存・新規事業についての環境への配慮

関係取引先の理解と協力を得て適切な影響力を行使し，汚染の予防のみならず，気候変動や生物多様性保全等環境への影響を評価し，技術的・経済的に可能な範囲で，最大限の環境への配慮を行う。

4. 環境問題の産業的解決による貢献

個人の能力と組織の総合力を活かし，また世界のパートナーと協力して，合理的で永続的な産業的解決を目指した事業活動を展開し，持続可能な発展の実現に貢献する。

＊資源・エネルギーの効率的活用には，使用効率向上・発生抑制を含みます。

（2020 年 8 月改定）

〔「三井物産サステナビリティレポート 2020」より〕

三井物産の温室効果ガス排出量管理

　地球温暖化問題対応を考える際，総合商社の温室効果ガス排出量管理状況を定量面から把握してみる。その一例として，三井物産 CSR レポート 2013（詳細版）「環境への取り組み・環境データ」（同社ウェブ・サイトより引用）から，地球温暖化問題対応の「温室効果ガス（GHG）の排出量管理」についての，三井物産の施策実施状況を見てみる。

温室効果ガス排出量リスク管理体制

　エネルギー起源の温室効果ガス（GHG）排出量の削減に向けてグローバル・グループで取り組みを進めてきています。2005 年度から国内での GHG 排出量の調査を継続して行い，経年の定量把握を行っています。2011 年度からは，三井物産単体及び国内子会社に関しては，エネルギー使用量を原単位で年平均 1％以上低減することを目標に掲げ，グループ一丸となって，GHG 排出量の削減を推進しています。また，海外子会社においても 2008 年度から GHG 排出量調査を開始しており，今後グローバル・グループベースで一層の削減を図ります。

CO_2 排出量（千 -CO_2MT）

	2010 年度	2011 年度	2012 年度	2013 年度	2014 年度
国内子会社単体	313	316	323	―	―
海外子会社等	1,547	1,411	1,403	―	―
内外合計	1,860	1,727	1,726	1,850	725

＊金融商品取引法上の国内連結子会社を対象とし，改正省エネ法の算定基準を準用し合算。連結決算対象の海外子会社を対象とし，WBCSD の GHG プロトコル（2004）の算定基準を準用し合算。

〔三井物産 CSR レポート 2015（詳細版）〕

　2011 年度，三井物産単体及び国内子会社の GHG 排出量実績は，316 千CO_2-MT。これは，前年対比約 1％の増加に相当。また，2012 年度は 323 千CO_2-MT と，前年対比約 2％増加。この主因は系統電力係数の悪化のためだ。2013 年度よりは，国内・海外子会社等を合わせた温室効果ガス（GHG）排出

量調査結果の開示に変更，2017 年度からは共同支配事業（Un-incorporated Joint Venture）を含め，2019 年度（2020 年 3 月期，2020FY）より Scope3 投資（投資先事業に関わる排出量：32,000 千 -CO_2MT）を新たに算定範囲に含めた調査結果を開示している。

CO_2 排出量（千 -CO_2MT）

	2015 年度	2016 年度	2017 年度	2018 年度	2019 年度
共同支配事業			3,321	3,067	3,090
内外合計	622	642	3,985	3,776	3,820

〔三井物産サステナビリティレポート 2020 より，筆者編集〕

SDGs（持続可能な開発目標）とは

1. 持続可能な開発のための 2030 アジェンダは，ミレニアム開発目標（MDGs）の後継として，2015 年 9 月の国連サミットで採択された 2016 年から 2030 年までの国際目標だ。

2. 2030 アジェンダは，貧困を撲滅し，持続可能な世界を実現するために，17 の目標・169 のターゲットからなる「持続可能な開発目標」（Sustainable Development Goals： SDGs）を掲げる。発展途上国のみならず，先進国も取り組むユニバーサルなものとされ，取組みの過程で，地球上の誰一人として取り残されない（No one will be left behind.）ことを誓っている。

SDGs　17 の目標，以下：

1. 貧困をなくそう
2. 飢餓をゼロに
3. すべての人に健康と福祉を
4. 質の高い教育をみんなに
5. ジェンダー平等を実現しよう
6. 安全な水とトイレを世界中に
7. エネルギーをみんなに そしてクリーンに
8. 働きがいも経済成長も
9. 産業と技術革新の基盤をつくろう
10. 人や国の不平等をなくそう
11. 住み続けられるまちづくりを
12. つくる責任つかう責任
13. 気候変動に具体的な対策を
14. 海の豊かさを守ろう
15. 陸の豊かさも守ろう
16. 平和と公正をすべての人に
17. パートナーシップで目標を達成しよう
　　[各目標に付随する 169 のターゲット，省略]

3-4 総合商社の事業活動と社会的責任

総合商社の事業活動

　「ミネラル・ウォーターから通信衛星まで」と言われるように，総合商社の活動の対象や扱い品目・サービスは，国内外で種々さまざまである。幅広い事業活動の中での社会的責任を論ずるときに，忘れてはならない基本として，供給・履行責任を果たすことの重要性が挙げられる。言い換えれば，信用を重んじ必ず信頼に応えていこうとする姿勢である。しかしながら，想定を超えた事態が時として発生することは，皆無とは言いきれない。こうした前提のもとで，自社の得意分野を強化し，弱い部分を補強しながら，各社とも日々事業活動を遂行しているのが現実である。

　三井物産の事業活動全般について，事業活動分野の取りまとめの一例として，同社 CSR レポート 2015 より引用してみる。

> **「金属」「機械・インフラ」「化学品」「エネルギー」「生活産業」「次世代・機能推進」**
> 三井物産の事業活動は，これら6つの事業分野から成り立っています。事業活動を通じて社会的責任を果たしていくために，三井物産では ISO26000* における中核主題のうち「人権」「環境」「消費者課題」「コミュニティ参画・発展」という4つの主題が重要であると考えています。
>
> ＊ ISO26000：組織体の持続可能な開発への貢献を奨励するために国際標準化機構が定めた社会的責任に関する国際ガイダンス規格。
> 「組織統治」「人権」「労働慣行」「環境」「公正な事業慣行」「消費者課題」「コミュニティへの参画及び発展」といった7つの中核主題をもとに構成されています。
> 〔三井物産 CSR レポート 2015〕

※なお，三井物産の事業・会社情報（ウェブサイト，2021 年 7 月現在）においては，「金属」を「鉄鋼製品」「金属資源」に分けて7つの事業分野とし，「世界中の人を，情報を，アイデアを，技術を，国・地域をつなぎ，あらたなビジネスを創造します」としている。

商社の事業活動の具体例 ———————————————

　商社の事業活動とはどのようなものととらえられるだろうか。具体的事例として，三井物産の「アンモニア製造販売」と「水」事業について参照できるように以下，取り上げる。いずれも海外での事業展開のケースであり実際の現場を想起することで，考えを深めることが可能である。

アンモニア製造販売事業

　地球温暖化による天候不順，新興国の需要増，食糧のバイオ燃料への転用などを主因として，国際的に食糧価格が急騰してきた。そのようななかで，肥料の原料であるアンモニアは，食糧需給の戦略物資として位置付けられる。

　三井物産は 2000 年にインドネシアに合弁でカルティム・パシフィク・アンモニア社（KPA 社）を設立，メーカー・ポジションをとりアンモニア製造者となって，アンモニアの安定供給を担うことで，食糧の安定供給の一翼を担う。赤道直下に位置するカリマンタン島ボンタン市にある KPA 社工場サイト。ここには，筆者はこれまでインドネシア駐在時を含めて 10 数回実地訪問した。うち 1 回は，プラント稼動開始後まだ間もないとき，業務部投資総括室より事業性の判断のために，また，2010 年には CSR 推進部地球環境室より KPA 社の環境実査を実施，環境・安全面を含め製造・出荷現場の総合評価を行った。

　アンモニアの生産量は全世界で現在，約 1.5 億 MT/ 年である。特有の強い刺激臭があるほかはあまりなじみのないものだが，その 8 割近くが肥料の原料に，残りの 2 割は合成樹脂や繊維の製造に欠かせない。また，火力発電所の排ガス中の窒素酸化物（NOx）除去にも使用されている。日本国内のアンモニア総需要は，約 1 百万 MT/ 年である。

　日本国内でアンモニアを生産するメーカーは，火力発電の需要増で輸入原料の液化天然ガス（LNG）価格が上昇したのに加え，高度経済成長期初期に建

設された設備の老朽化で，生産コストの増大に直面している。アンモニアは製造プロセス上，高温高圧下での稼動が必須である。

　肥料の3大要素（NPK）は窒素・リン酸・カリであるが，そのうちで，窒素を肥料として有効に利用するには，大気中に含まれる窒素を固定化する必要がある。20世紀初めに発明され現在工業的に唯一可能な方法が，窒素と水素を合成してアンモニアを造る方法である。つまり，肥料用の窒素成分は工業的にはアンモニアからでしか供給できず，化学肥料の原料として欠くことができない。世界人口は76億人をすでに突破，さらなる世界的な人口増や耕地面積の不足，開発途上国の食糧不足に対応するには，単位面積当たりの収量増加が求められている。

　こうした背景から，アンモニアの需要は世界的人口増の趨勢に沿い年率3〜4％以上の増加が今後も見込まれる。特に，食糧危機が懸念されるアジア，中南米，アフリカでの需要の伸びは顕著であり，このため，肥料用のアンモニアが食糧増産のための戦略物資と位置付けられる。

■**三井物産のアンモニア事業**

インドネシア KPA 社のアンモニア製造プラント

　三井物産のアンモニア事業への取り組みは，貿易から始まった。1990年代に入りアジアでの需要が伸び始めた当初も，ロシアや中東から主に輸入販売していた。だが，アンモニアは固形の化学肥料とは異なり液化冷却して輸送しなければならない。そのため，マイナス33℃に保つことのできる特殊輸送船が必要で，このため，多大な輸送コストが見込まれる。実際にアンモニアを販売した際の持ち込み価格の3割近くを輸送費用が占める。価格面で安定的にアンモニアを販売し続けるためには，できるだけ市場に近い場所で製造することがカギとなる。そこで三井物産は，アンモニア製造プラントをアジアで建設し，自らメーカーとして生産し供給することに踏みきった。合弁でカルティム・パシフィク・アンモニア社（KPA社）を設立し，インドネシア・ボンタン市に製造能力66万MT/年のプラントを建設。2000年から操業を開始した。

> この KPA 社プロジェクトには BOT（Build, Operate & Transfer）方式が採用
> された。すなわち，三井物産が自らアンモニアを製造した事業収入によって投資
> を回収した後に，インドネシア国営肥料会社であるカルティム社にプラント一式
> を簿価で引き渡す。この BOT 方式は，資源があっても技術と資金が足りない途
> 上国にとって有益な手法といえる。
> 〔「挑戦と創造」三井物産株式会社　人事総務部人材開発室，2010 年 2 月発行〕
> 〔筆者注：2014 年 3 月期，同プラント一式の引き渡しは完了した〕

「水」事業

「水」は，すべての生きものにとってなくてはならないものであり，人々が
毎日生活する上で頼っている自然の恵みを背後から支えている。それゆえ，国
の存立基盤としても最重要な資源の一つと位置付けられる。シンガポールや近
年のクリミヤ半島の出来事は，あらためてこのことを思い起こさせる。

年間平均 1,700 ミリという世界平均のおよそ 2 倍の降水量があり，かつ四
方を海に囲まれた日本は，水の面で本当に恵まれた国といえると思う。しかし，
この日本においても，近年天候不順などにより毎年のように水不足が心配され
る地域もある。

地球は「水の惑星」と言われ，およそ 14 億 km³ もの水がある。しかし，そ
の 97.5％は海水で，残りを占める淡水は 2.5％だけである。河川，湖沼，浅い
地下水など，このうち容易に利用できる淡水は，地球全体の水資源のわずか
0.01％ しかない。

雨や雪として地上に降り注ぐ水は，一部は川や湖に流れ込み，一部は地中に
貯まって地下水となり，やがて海に到達する。太陽熱によって海水や河川・湖，
また，地表の水は水蒸気となり，雲になる。そこで再び雨や雪として地上に水
をもたらす。生態系のすべては，この大きな循環の中にある水を利用して生命
を維持してきている。

世界は今，人口増加や途上国の生活レベル向上による水需要の増大に直面し

ている。さらに，水資源の地域的な偏りやインフラの未整備，水質汚濁などの
「水」リスクがクローズアップされ，21世紀において水の問題は，エネルギー，
食糧と並び世界的に最重要課題の一つである。各国政府の予算制約による資金
調達の難しさ，技術者の確保などさまざま問題を打開するために，官民協力へ
の期待が高まり，民活方式による上下水道のインフラ整備が，各国で進展して
いる。日本では上下水道事業は，基本は水道局の仕事と位置付けられてきてい
るが，民活方式で，2012年4月外資系水事業会社が，愛媛県松山市の浄水場
の運転/管理などを手がける事業がスタートした。

　ここで，世界の水需要の趨勢を見てみる。

　世界の水需要が急増している主な原因は，開発途上国の人口増加と新興国の
生活レベル向上と言われる。世界人口は1950年の約25億人から，2011年秋
には70億人突破と約2.8倍になり，2050年には91億5,000万人と，さらに
約1.3倍に増加すると予測される。

　水の用途の約70%は，農業をはじめとする食糧生産に使用されており，水
不足は食糧不足に直結する。つまり，人口増加は，とりもなおさず食糧増産の
ために多量の水が必要であることを意味する。フードマイレージという用語が
あるが，農産品を輸入することは，その農産品の生育に必要とされた水の総量
も考慮する必要がある。一方で，生活水準が高くなるにつれて，生活用水の使
用も増加してくる。工業化やハイテク化が進めば，工業用水の利用も増加する。
供給した水の量に比例して，排水・下水処理の需要も増えざるをえない。

　とはいえ，地球上の年間河川流量（約40兆立方メートル）は，総使用量約
4兆立方メートルの10倍以上に及び，絶対量で考えると，決して水不足とは
いえない。問題は，水資源が地域的に隔たりがあり，供給が不安定であること
である。1立方メートル当たり約1ドル（100円）と，販売単価が安く，費用
対効果を考えれば，長距離輸送は現実的ではない。

アフリカ，中東，東南アジア，南米などの地域で，安全な水を安定的に供給できない要因は，大きく分けて3つある。

　1つ目は，水質汚染である。世界人口が増大して生活排水による汚染が進むと同時に，工業化が進展し産業廃水汚染も顕著になっている。

　2つ目は，インフラ整備の遅れである。先進国も上下水道の既設設備の老朽化に頭を悩ませているが，それ以上に途上国では，水関連施設整備の立ち遅れが大きな課題となっている。

　そして3つ目は，地球温暖化である。地球温暖化による気候の変動は水資源の分布に多大なる影響を与え，乾燥地ではさらなる干ばつが進み，多雨地域では洪水が頻発するといった状況に陥り，その結果，需要地での水の絶対量が不足している。

　こうした現状にあって，水関連ビジネスの市場規模は年間40～50兆円とみられ，2025年には100兆円超の規模に到達すると予測される。大半を占める上下水道分野で注目されるのが，民活・民営化の動きで，特にアジアにおける民活・民営化の動きが顕著となってきている。そのようななかで，案件開発力やグローバルネットワーク活用などの総合力を発揮し総合商社は，今，世界の水問題解決の一翼を担おうとしている。

　「社会的責任ガイダンス規格（ISO26000）」については，第2章2-2「事業体の社会的責任」で詳しく見てきた。自社の「社会的責任」をどのようにとらえ位置付けているか。「水」事業の例を参考にすることで，該当する中核主題項目に言及している総合商社の事業活動と「企業の社会的責任」の一端について，より理解を深めることが可能である。

■三井物産の水事業

水事業における三井物産の目標は，グローバルな主体的な事業開発者となることである。これは水事業のライフサイクルの全階層において機能とサービスを提供する事業者を意味する。具体的には，事業開発から投資・ファイナンス組成，そしてプラント設計，機器調達，建設，試運転を一括して行う EPC（Engineering, Procurement and Construction）や事業運営，リサイクルまでをとおして手掛ける事業である。三井物産の強みは，プラント・ビジネスや発電などのインフラ事業で長年にわたり培ってきたプロジェクト開発力や資金調達力，そしてグローバルネットワーク機能による総合力といえる。これにパートナーのエンジニアリング，建設，操業，事業運営の機能や総合設計機能を融合し，上下水道民活・民営化，産業向けアウトソーシング，海水淡水化事業の 3 分野を基軸とする水事業者となることを目指す。民活・民営化で水道事業を推進する際，飲み水に関する管理責任は，事業者として決して看過できない大きなリスク要因である。*

世界的に希少な水資源への貢献

地球は「水の惑星」であり，水の総量はおよそ 14 億 km³ と推定される。しかしその 97.5%は海水で，残りを占める淡水は 2.5%だけである。しかも河川，湖沼，浅い地下水など，容易に利用できる淡水は水資源全体のわずか 0.01%でしかない。

地球規模での人口増加，都市化に伴って水資源の偏在，水質汚染の問題は深刻化している。限りある水資源をどのようにリサイクルし，活用していくかは，さらに重要度を増していくだろう。

インフラ事業で培ってきたプロジェクト開発力，資金調達力，グローバルネットワーク機能及び総合的な水資源ビジネスの提供を通し，地球的テーマである水問題の解決に貢献していく。

社会的責任ガイダンス規格（ISO26000）中核主題の 1 つの「消費者課題」への取り組みについて

この観点から「水」事業への取り組みを見てみよう。

水問題の重要性は世界共通の課題だ。しかしながら、一方で個々の水事業はローカル色の強い一つ一つ独立した現地密着型の事業で、20〜30年もの長期にわたって提供していくインフラサービスだ。その国、その地域の事情を熟知していなければ、現地で真に必要とされる水事業は行うことはできない。

水事業推進における「環境」への取り組み

自然を守りつつ、できる限りきれいな水を取水できるようにする。あらゆる廃水をきれいな水に戻して還す。水事業そのものが環境問題に貢献していることは言うまでもない。その上で、さらにその先を目指すのが、限られた資源である水のリサイクルである。

排水リサイクルの重要性は世界共通である。工業化が急速に伸展する中国では工業排水による湖沼や河川汚染が社会問題化されていた。三井物産は中国に精通している大手水事業会社と共同で現地事業会社を設立し、2010年から中国各地で上水供給・下水処理・下水処理リサイクルなど24件の水事業を展開した。

水事業と「コミュニティ参画・発展」への取り組み

三井物産はタイの建設土木会社とともに現地上水供給事業会社の共同事業を展開し、タイ国地方給水公社を通じ、毎日100万人以上に「安全な水」を供給している。2011年9月に発生した大洪水はタイ全土に甚大な被害をもたらした。が、なかでも深刻だったのは皮肉にも「水不足」であった。河川の濁流や汚水が市街地にあふれ出た結果、まだ多くの市民が利用している地下水が飲料水として使用できなくなった。人々は飲料水を求めて奔走し、大型ストアや商店の店頭からまたたく間にミネラルウォーターは姿を消してしまった。

上水供給事業会社が水を供給しているバンコクの周辺地域も例外ではなかった。そんな状況にあって上水施設から水道によって送られてくる安全な水は、命綱＝ライフラインであった。

洪水ピーク時には浄水場にも2mを超す洪水が押し寄せるなか、従業員は毎日ボートで通勤しては浄水場を見回り、時に土嚢を積み上げ浄水場を守りきった。

> 飲用水や食糧を毎日のようにボートやジープで近隣の住人に届け，清浄な水の安定供給とコミュニティの衛生，加えて環境保全における責任を遂行した。
>
> 〔三井物産ウェブ・サイト，「会社情報」水事業〕

＊この観点を加味し，筆者は，中国での上下水道民活・民営化プロジェクト推進に際し現場での環境・安全リスク分析のため環境実査を主担当しリスク限界の見極めと評価をした。事業推進に際し，対応できることや対応しなければならないことがある。それらとそうでないことを一つ一つ現場で総合的に確認していく。この対応力こそが大切な要素である。

　事業活動の中で環境対応の重要性は論を待たない。設備機器の設置・稼働や操業責任の一端を担う際はもちろんである。環境対応・事故回避のための予防原則的アプローチを，どのように組み込んでいけるか。これこそが終わりなき課題である。社会的責任を果たしていく際に，欠かすことのできない基盤や仕組みについては第4章「コーポレート・ガバナンスと内部統制」以降で取り上げていきたい。

商社活動における環境経営評価結果について

　日本経済新聞社の「環境経営度調査」は，企業が温暖化ガスや廃棄物の低減などの環境対策と経営効率の向上を，いかに両立しているかを客観的に評価するもので，日本経済新聞等に毎年結果が発表される。

　2011年度，2012年度に続き2013年度から2015年度「環境経営度調査」の企業ランキング商社部門で，三井物産は，連続で1位，汚染対策・生物多様性対応と資源循環でトップの評価を得る。

　経営資源というとき，「人」「もの」「金」。それに加えて「情報」だとよく言われる。まさに ICT の時代である。そこで情報をもつ強みはどこにあるか，「情報力」は何を意味するか。かつてテレックスの時代までは，情報の入手の「量と速さ」が総合商社の武器であった。しかし，その機能はもはや過去のものである。次のドラッカーの考え方を，情報力を評価する際の参考にしてみよう。

　データは情報ではない。情報の原石にすぎない。原石にすぎないデータが情報となるには，目的のために体系化され，仕事に向けられ，意思決定に使われなければならない。

　情報の専門家とは，道具としての情報をつくる者である。だが道具としての情報を，何のために，いかに使うかを決めるのは情報のユーザーである。そのためにはユーザー自身が，情報に精通しなければならない。ところがほとんどの者が，自らの意思決定において情報のもつ意味を考えていない。情報は，人間の行動に結び付いてはじめて知識となる。

　かつては，とにかく情報をもつことが勝利への道だった。軍隊でも企業でも同じだった。ところが今では，だれでもクリックするだけで世界中のあらゆることについて情報を得られる。その結果，情報力とは，情報を入手する力ではなく，情報を解釈して利用する力を意味することになった。今やユーザー自身が，情報の専門化にならなければならない。

　コンピューターを扱う人たちは，より速いスピードとより大きなメモリーに関心をもつ。しかし，問題はもはや技術的なものではない。いかにデータを利用可能な情報に転化するかである。

〔ピーター・ドラッカー〕

キーワード解説

■ リオ・プラス 20

　1992 年 6 月にブラジル・リオデジャネイロで開催された地球サミットから 20 年を迎えた 2012 年 6 月に，再度ブラジルで開かれた国連持続可能な開発会議を称し，「リオ・プラス 20」という。1992 年の地球サミットでは，「環境と開発に関するリオ宣言」や行動計画「アジェンダ 21」ほか，気候変動枠組条約と生物多様性条約が調印された。リオ・プラス 20 では，環境保護と経済成長を両立するグリーン・エコノミーが重要だという認識で一致。今後の行動目標となる「持続可能な開発目標（SDGs）」の策定で合意し，エネルギー消費の抑制など個別分野に関して期限や数値目標の具体化を目指すことになった。

■ 人間環境宣言

　1972 年，国連人間環境会議において採択された宣言。環境問題に取り組む際の原則を明らかにし，地球環境問題が人類に対する脅威であり，国際的に取り組む必要性を明言している。

■ 京都議定書第一約束期間の目標達成

　国連気候変動枠組条約京都議定書第一約束期間（2008 年〜2012 年度）で，EU や日本などの先進国に，1990 年度対比 5.2％減らすことを定めた法的拘束力のある削減数値目標は，目標を大きく上回り達成された。世界経済の危機で経済活動が鈍ったことによる排出減も要因の一つと見られるが，削減義務を負った先進各国の排出減努力が実を結んだといえる。

■ 生物多様性条約

　1992 年に開催された地球環境サミットで，採択され，168 カ国が条約に署名。条約の目的は，地球上の多様な生物をその生態環境とともに保全すること，生物資源を持続可能であるように利用すること，遺伝資源の利用から生ずる利益を公正かつ衡平に配分することの 3 点である。この条約の締結を受けて，国内では，理念法である生物多様性基本法が 2008 年 6 月施行されている。

■ 環境会計

　事業活動における環境保全コストとその活動で得られた効果（財務面，環境

面）を認識し，可能な限り定量的に測定し伝達する仕組みをいう。環境にどれだけのコストをかけているか，効果はどのようなものであるかを対外的に示し，外部のステーク・ホルダーに説明責任を果たすことができる。

■ローマクラブ「成長の限界」

1972年ローマクラブが発表した報告書「成長の限界」（The Limits to Growth），このまま消費型経済が成長し，人口増加が継続すれば，化石燃料等資源の枯渇，食糧不足，汚染の増大によって成長の限界に達し，地球危機となることを警告した。

■PCB

熱や薬品への耐性，電気絶縁性に優れるPCB（ポリ塩化ビフェニル）は，かつて変圧器やコンデンサなどの電気部品などに多く使われていた。だが，発ガン性など毒性が強く，PCB中毒事件をきっかけに，1974年に国は，PCBの製造・輸入・仕様を原則禁止し，保管を義務付けた。

■われら共有の未来

1984年に国連に設置された「環境と開発に関する世界委員会（ブルントラント委員会）」が，1987年に発行した「われら共有の未来」と題する最終報告書を公表。同報告書の中で，「持続可能な開発」を「将来世代のニーズを満たす能力を損なうことなく，今日の世代のニーズを満たすような開発」と説明。

■持続可能な開発のための世界経済人会議（WBCSD：The World Business Council for Sustainable Development）

経済成長，環境保全，社会発展の3本柱で持続可能な開発に貢献していこうとする企業で組織された国際的な民間団体。世界各国の企業約200社が活動に参加する。1991年，本拠地はスイス・ジュネーブに設立。

■循環型社会

適正な3R(Reduce, Reuse, Recycle)と処分の確保により，天然資源の消費を抑制し，環境への負荷ができる限り低減される社会をいう。循環型社会実現に向

けた廃棄物処理の優先順位は，発生抑制（Reduce），再使用（Reuse），再利用（Recycle），そして熱回収（サーマルリサイクル），それでもどうしても捨てるしかないものは，きちんと処分する。

■ 系統電力係数

地球温暖化対策推進法に基づく温室効果ガス排出量算定・報告・公表制度により，二酸化炭素等の温室効果ガスを一定量排出する事業者は，毎年，年度ごとの排出量を国に報告することが義務付けられている。電力自由化前の報告に適用された電気事業者別排出係数のことを指す。

■ エネルギー起源二酸化炭素（CO_2）

エネルギー起源二酸化炭素（CO_2）とは，石炭や石油などの化石燃料を燃焼してつくられた電気やガスなど，エネルギーを産業や家庭が使うことによって生じる二酸化炭素（CO_2）のこと。

■ 地球温暖化対策推進法

温暖化対策推進法，または温対法とも言われる。2021年改正地球温暖化対策推進法が成立。「基本理念」などあらたに明文化された。気候変動枠組条約を踏まえ，温室効果ガスの排出の量の削減等を行うため，一定量以上の温室効果ガス排出者による国への排出量の定期報告（毎年）等を義務付けている。

■ ICT の時代

ディープラーニング・画像認識・自己強化学習によるAI（人工知能）の驚異的進化は，Alpha Go Zero の囲碁での実績で証明されている。第4次産業革命ないしデータを支配するものが全てを支配する「データリズムの時代」だ，このようにも言われる。巨大プラットフォーマーたる米 GAFA ＋ M, 即ち IT Big5, それに加えて中国の2社。これら7社はニュー・セブン・シスターズとも称され，日本の GDP 総額を大きく上回る時価総額水準で，市場で評価されている（2021年7月現在）。

第**4**章

コーポレート・ガバナンスと内部統制

　個人での事業や小規模で目が届く範囲内での事業活動のときとは異なり，総合商社や大規模企業の事業活動においては，報告，連絡，相談し責任主体を明らかにしておく仕組みが欠かせない。大規模な企業経営において，不可欠ともいえるコーポレート・ガバナンスと内部統制について，勘所を押さえる。

4-1 コーポレート・ガバナンスとは

　コーポレート・ガバナンス（Corporate Governance）という言葉は，さまざまな使われ方をしている。筆者は，株主が会社の経営者を統治する仕組みととらえる。経営の監督と執行との役割分担を明確にし，かつ経営の透明性の向上を目指すものである。

　コーポレート・ガバナンスは，経営者による企業内統治を意味する内部統制が，全社にわたりしっかり構築され，機能してはじめて効果を発揮する。さらに株主はもちろん，多様なステーク・ホルダーからの期待と信頼に応えていくことで，こうした経営基盤はより強化されてゆくと考える。

4-2 内部統制

　企業内統治を意味する「内部統制」とは一体どのようなものだろうか。次ページに示したように，身の回りにある「食券販売機」と「支払処理」という2つの場面から，内部統制について言葉の意味するところを考えてみる。

　食券販売機や支払処理の場合とも，学内や各企業のどこにでもあることで，通常はあまり意識せずに運用していることが多い。しかし，よく見てみると，それによっていくつかの「良い効果」が生じている。これが内部統制といえる。

　内部統制とは，仕事がきちんと，すなわちミスなく，無駄なく，適正に，行われるために，さまざまなプロセスの場面に組み込まれている仕組みやルールのことである。「法律で規定されているから内部統制を構築し対応していかなくてはならない」という声を聞くことがたまにあるが，内部統制の対応は，言われたから行うといったものではなく，健全な組織のために役職員一人一人が行うプロセス全体のことである。

内部統制概要

内部統制とは

　組織目標達成を阻害する要因，これを「リスク」（後述）と内部統制論ではいう。内部統制とは，リスクに対応するためにルールや仕組みを導入し，そのことを役職員全員が守ることで，組織目標達成に合理的な保証を与える。言い換えれば，リスクを一定の範囲内に抑え込むプロセス全体のことである。

　経営者は，さまざまなルールや仕組みを考えて導入する。そうすることで，リスクに対応する体制を構築していく。

　そのルールや仕組みがきちんと運用されることで，想定しているリスクを回避したり，一定程度に抑えたりすることが可能になる。つまり，内部統制とは，

内部統制の意味理解のために：「食券販売機」の場合と「支払処理」の場合を想定

1．食券販売機

　学生食堂でも食券販売機が設置されているが，昼食時等に使う際は，あまり意識しないで使っているのではないだろうか。ひと昔前は，店頭でレジ店員が現金と交換に食券を渡し，それと交換に注文した食事を受け取っていた。では，食券販売機を設置することにより得られる効果は，どのようなものであろうか。

① 　代金精算は食券販売機で行うため，金額計算の誤りが少なくなる。

② 　食券（＝代金）と引換えに食事を提供するため，確実に代金を回収できる。

③ 　金銭の授受は食券販売機を通してのみ行うようにすることで，店頭に現金を置かなくてよくなる。その結果，現金が盗難にあう可能性が低くなる。また，利用者やレジ店員による着服の可能性も低くなる。

④ 　「何が，どれだけ売れたか」などの記録管理を，より正確に行うことが可能となる。その結果，材料仕入れをスピーディーにより適格に行うことが可能となる。

2．支払処理

　同じ一人だけで，会社資金の支払処理と支払承認の両方をすることはできないようにする。これが代表的な職務の分離の例である。このような職務の分離により，得られる効果はどのようなものだろうか。

① 　支払処理が実行されるまでに，内容がチェックされる機会が複数回あり，その結果，誤りが発見される可能性が高まる。

② 　営業部署が支払依頼をし，支払実行部署がその内容を実行する。このように，営業部署のみでも支払実行部署のみでも支払処理が行えず，常に他部署の目を意識することで，牽制機能が働き，不正等に起因する不適切な処理が減る。

③ 　担当者から管理者，という承認ルートにすることで管理者に適宜適切に情報が落ち，適切なリスク管理が可能になる。

　それぞれの役割と機能を担う部署は，営業部署や支払実行部署であり，まず営業部署で支払指示書の作成と一次チェックまた承認をする。そして，それを支払実行部署として，あらためてチェックと承認を済ませ，はじめて支払いの実行となる。

広い意味でのリスク・マネジメントであるということができる。

　ここで，内部統制論における「リスク」という用語について，あらためて説明する。

　リスク（Risk）とは，内部統制の目的達成を阻害する要因をいう。組織の内外に存在するリスクに対応するため，経営者はさまざまなルールや仕組みを考え導入している。そしてその結果，リスクへの対応を実行している状況こそが，その組織にとってのリスク・マネジメントである。

組織目標と内部統制の目的

　ここで組織目標と内部統制の目的との関係について，整理し考えてみる。

　組織目標とは，多くの組織に共通する目標として，組織を継続して安定的に運営し，その結果企業価値の向上を実現することである。組織目標自体はこのように位置付けられる。

　この組織目標の達成を図ることが，内部統制の本来の目的と整理される。一方，内部統制の目的は，以下の4点である。これら4点は，上記の組織目標の達成に悪影響を及ぼすと考えられる状況を回避し，上記の組織目標の達成に寄与すると考えられる。

〔内部統制の目的〕
① 業務の有効性と効率性
② 財務報告の信頼性
③ 関連法規の遵守
④ 資産の保全

内部統制の4つの目的

　それでは，組織目標と関連付けて内部統制の目的4点を一つ一つ見ていく。

① 業務の有効性と効率性

業務の有効性とは，事業活動や業務の目的がどれだけ達成されるかをいう。

（例えば，商品を販売しただけでは業務の目的は達成されず，商品代金を回収してはじめて業務の目的が達成されたといえる。）

　業務の効率性とは，無駄なく・ミスなく・スムーズな業務運営ということができる。

　安定的で継続的な企業運営には，業務の有効性と効率性の向上が必要不可欠といえる。

② 財務報告の信頼性

　投資家は投資対象を決め，金融機関は融資条件を検討するなど，ステーク・ホルダーは企業活動の結果である財務報告に基づいて，それぞれの立場から意思決定を行う。

　仮に財務報告の信頼性が損なわれた場合，それは多くのステーク・ホルダーの意思決定に影響を及ぼし，結果として企業活動の源である外部資金を十分に集めることができなくなる可能性が出てきてしまう。

③ 関連法規の遵守

　法令等の遵守を怠り，社会的な規範に抵触した行動をとると，それに応じた罰則や批判を受け，場合によっては組織の存続すら脅かされる事態に直結しかねない。そのため，事業活動に支障をきたす法令違反や問題が発生しないような社内ルールを設け実践することが，安定した継続的な組織運営につながると考えられる。

④ 資産の保全

　企業は，資産の取得や使用及び処分という手続きを経て，保有する資産を活用しながら事業活動を行う。このように，会社の利益の源である資産についてその取得や使用及び処分といった過程が，きちんとした手続きや承認を経て行われて，資産の価値が損なわれないようになる。ひいては安定的で継続的な企業運営につながると考えられる。

　内部統制（ルールや仕組み）を整備し導入するのは，経営者の責任である。次にこれを適切に運用するのは，その組織に所属するすべての役職員一人一人

の責任である。つまり，内部統制の主役は組織構成員全員ということができる。

　内部統制とは，ルールや仕組みであり，プロセスと位置付けられる。それゆ
え，「整備し導入しておしまい」ではない。それをきちんと運用していくこと，
また，内部統制が有効に機能しているか定期的に評価し，さらなる改善につな
げることが肝要である。第7章「マネジメントシステムとは」で詳述するが，
プロセス管理には，PLAN DO CHECK ACT，すなわち PDCA サイクルが有
効とされる。内部統制は「その目的達成に合理的な保証を提供するもの」と説
明される。この背景には「内部統制には限界がある」という考えがある。つま
り，内部統制とは，目的の達成を支援するものであり，構築し運用しているだ
けでは実は万全とは言いきれず，目的達成を「絶対的に保証するもの」ではな
い。

内部統制の固有の限界
　一般化した場合，次の4つの場合が，内部統制の固有の限界とされる。

①　内部統制の故障
　役職員の判断の誤り，不注意，共謀による不正によって，内部統制は有効に
機能しなくなる。

②　想定外の事象発生
　内部統制は，当初想定していなかった組織内外の環境の変化や非定型的な取
引等には，必ずしも対応しない場合がある。

③　経営者による内部統制の無視
　経営者は内部統制を無視，ないし無効ならしめることがある。
　例えば，過度に収益追求を重視するあまり，経営者自ら法令違反や粉飾決算
を指示する，こういった場合は論外である。重大な法令違反等の不適切な情報
が経営者に適切に報告されているにもかかわらず，経営者がこれを無視・放置
する。（本来，経営者は責任をとる存在でなければならず，責任を負わなけれ

ばならない。これが内部統制を構築し統制環境をひいている大前提である。そうであるにもかかわらず，経営者が内部統制を無視してしまう事態が起きることも皆無ではない。)

④　**費用対効果**

すべての不正やミスを限界まで高い精度で防ぐには，膨大な費用がかかる。そのため，内部統制の整備と運用に際しては，費用対効果を勘案して行われる。

内部統制の目的とリスク・マネジメント

業務の有効性と効率性，財務報告の信頼性，関連法規の遵守及び資産の保全の４点は，広い意味でのリスク・マネジメントということが可能である。そして，その実行を通じ組織目標の達成を図る。これが内部統制の本来の目的であると，前述してきた。それでは，「リスクへの対応」をとる際には，どういった場合でどのような種類があるのだろうか。

「リスクへの対応の種類」を整理してみると，次の通りである。

①　**受　容**

特別な対応を取らず，そのリスクをあるがままで受け入れること。

具体例としては，

・テロが頻発する地域での事業活動の継続。

・洪水とか河川氾濫というリスクがある立地での工場建設。

（設備を充実させるために，立地条件で妥協した場合などに起こりうる。）

②　**回　避**

リスクの原因となる活動を見合わせ，または中止すること。

具体例としては，

・新規事業に乗り出した場合，強力なライバル企業が出現したときに市場から撤退し，その事業取り組みを中止する。

・個人情報流出による信用損失というリスクを回避するため，アンケートに記名を求めない。こうすることで，リスクの原因となる形での活動を見合

　　わせる。

③　**低　減**

　リスクの発生可能性や，発生した場合の影響度を低くすること。

　具体例としては，

　・ダブルチェックを行い，誤謬発見の蓋然性を上げることで，リスクの発生
　　可能性を低減する。

　・情報漏洩リスクを低減するため，情報システムのセキュリティを高める。

④　**移　転**

　リスクの全部または一部を組織外に転嫁することで，発生した際の影響を低
くしておくこと。

　具体例としては，

　・火災保険契約を結ぶ。そうすることで，万が一火災が発生してしまった際
　　でもリスクを保険会社に転嫁できる。

　内部統制は，日本では金融商品取引法（105 頁参照）および会社法の 2 つの
法律で規制され，「内部統制システムの構築」が要請される。会社法では内部
統制システムの構築・運用を義務付け，大会社においては取締役会の決議が専
決事項とされ，すべての取締役に内部統制システムの構築責任を負わせること
が明文化されている。

内部統制の評価

　組織が構築し運営している内部統制プロセスは，次に，どのように評価できるのであろうか。

　まず，内部統制が"有効"か"有効でない"かは，どう評価するのだろうか。次の囲みの中の式を参考にしていただきたい。

R－C＝E

　R：固有リスク

　C：コントロール

　E：エクスポージャー（残余リスク）

〔**内部統制を導入するとき**〕

　R：固有リスク，すなわち存在するリスクの種類や大きさを分析し

　C：コントロール：上記リスクに対応するためのルールや仕組みを整備し
　　運用する。

　そして，その結果として，

　E：エクスポージャー（残余リスク）：それでもなお残るリスクの大きさが，
　　許容できる水準に収まるようにする。

〔**内部統制の評価**〕

　上記の式で明らかなように，

　E：エクスポージャー（残余リスク），すなわち残ったリスクの大きさが，
　　・許容できる水準に収まっている場合は，内部統制は有効　○
　　・許容できる水準に収まっていない場合は，内部統制は有効とは言え
　　　ない　×

このようにして，内部統制の有効性を評価していくことが可能である。

COSO のフレームワーク

[COSO レポートの誕生の背景と歴史]

1980 年代の米国では 前半に粉飾決算が多発し，会計監査人に対する不信感が増大
してきた。そして，1980 年代の後半に金融危機が続いて起きてしまった。

1985 年 6 月，会計 5 団体＊が「不正な財務報告に関する全国委員会（通称トレッ
ドウェイ委員会）」を組織。

＊米国公認会計士協会，米国会計学協会，米国内部監査人協会，管理会計士協会，財務
担当経営者協会

1987 年 10 月，報告書を公表「経営者は，不正な財務報告を防止または摘発する
ことの重要性を認識し，財務報告に関する統合的な統制環境を確立すること」を
指摘。

1992 年，トレッドウェイ委員会組織委員会（The Committee of Sponsoring
Organizations of the Treadway Commission）が内部統制の統合的フレームワー
ク（Internal Control-Integrated Framework）（COSO レポート）を公表。

2004 年　Enterprise Risk Management-Integrated Framework　2004

2012 年　Enterprise Risk Management-Understanding and Communicating Risk
Appetite

2013 年 5 月　2013 年改訂版内部統制の統合的フレームワーク（2013 Internal
Control- Integrated Framework）（2013 年改訂版 COSO レポート）を公表。

COSO レポートの意義

　COSO レポートの公表以前は，財務報告に関する内部統制のみに焦点を当
てた SAS（米国監査基準）55 号しかなかったが，COSO レポートは，対象を
組織のあらゆる業務に拡大し，内部統制のガイドラインとして登場した。
COSO レポートは，あらゆる事業体に適用できる内部統制の一般的な基準と
して作成され，内部統制を説明するためのフレームワークを確立した。

　2013 年改訂版 COSO レポートでは，複雑化する事業環境変化，テクノロジ

ーの進展，経営者責任の明確化に対する要請に則した内部統制基準の改定を織り込んでいる。

COSO が提示した内部統制の 3 つの目的

　COSO が提示し，事実上グローバルスタンダードとなったこの内部統制のフレームワークでは，以下①②③の 3 つを「内部統制の 3 つの目的」としている。

①　業務の有効性と効率性
②　財務報告の信頼性　（＊ⓐ）
③　関連法規の遵守

　なお，このフレームワークをベースに，本邦会社法では，内部統制（＊ⓑ）の目的として，「資産の保全」を加えた 4 つで運用されている。これは日本独自ともいえる観点である。より細かく区分しているととらえればよいだろう。

　COSO のフレームワークにおける定義された内部統制の目的は，①②③の 3 つである。ただ，大きく見れば，②財務報告の信頼性（適正性確保）の範疇に，資産の保全（＊ⓒ）も含まれると考えることも可能である。

注ⓐ 2014 年 12 月中旬までに移行を完了することが求められた「2013 年改訂版 COSO内部統制の統合的フレームワーク」においては，財務報告のみならず非財務報告も目的に含めるよう改訂され，「財務報告の信頼性」は，「報告の信頼性」に変更されている。
注ⓑ「内部統制」という用語は，会社法第 362 条第 4 項第 6 号に規定する「業務の適性を確保するための体制」を指すものとして使用しており，金融商品取引法の「財務報告に係る内部統制」は，これに包括されていると考える。
注ⓒ「資産の保全」は，内部統制の目的の 4 番目として，本邦金融庁の「財務報告に係る内部統制の評価及び監査に関する実施基準」に掲示された項目である。会社法の規定上，監査役（または監査委員会）は，業務及び財産の状況の調査をすることができるとされており，「資産の保全」に対して重要な役割と責任を担っている。そこで，これは監査役の財産調査権と資産の保全に対する内部統制との関わりを明確化したものと考えることは可能である。

図表7　COSO Cube〜内部統制の5つの構成要素

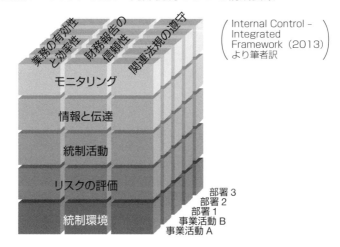

```
( Internal Control –
  Integrated
  Framework（2013）
  より筆者訳 )
```

業務の有効性
と効率性
財務報告の
信頼性
関連法規の遵守

モニタリング

情報と伝達

統制活動

リスクの評価

統制環境

部署3
部署2
部署1
事業活動B
事業活動A

図表8　COSO Cube〜内部統制の6つの構成要素

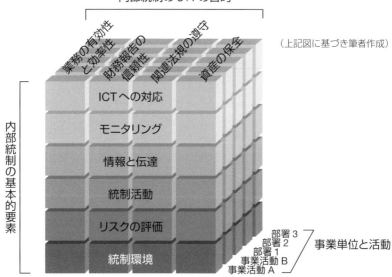

内部統制の3+1の目的

（上記図に基づき筆者作成）

業務の有効性
と効率性
財務報告の
信頼性
関連法規の遵守
資産の保全

内部統制の基本的要素

ICTへの対応

モニタリング

情報と伝達

統制活動

リスクの評価

統制環境

部署3
部署2
部署1
事業活動B
事業活動A

事業単位と活動

COSO Cube ～ 内部統制の 5 つの構成要素

　COSO は，内部統制の「3 つの目的」と「5 つの構成要素」を COSO Cube として図に表すことで，その関係を示している（前ページ**図表 7** 参照）。

　なお，会社資産の保全を加えて 4 つの目的とした場合，また，内部統制の基本的要素として「ICT への対応」を加え，内部統制の構成要素を 6 つとする場合（**図表 8** 参照）においても，モデルの概念はおおむね変わらない。

　内部統制の 5 つプラス 1 つの構成要素それぞれについて，以下に説明する。

① **統制環境（Control Environment）**

　まずは組織内の環境を整える。

　他の構成要素を円滑に機能させるための自律的な基盤となる企業風土，経営理念，経営方針等の職場環境である。日常用語でいえば，社風を指すと理解願いたい。

② **リスクの評価（Risk Assessment）**

　リスクを識別・分析・評価し，対応を選択するプロセスである。組織に関連する，組織内外のさまざまなリスク要因を洗い出し，特徴を把握し，評価（実現可能性や影響度の計測）する。具体的には，

　　・社内格付制度，与信制度などを通じて取引先信用リスクを把握・管理する。

　　・不正リスク評価を毎年実施する。

などが行われている。

③ **統制活動（Control Activities）**

　統制活動とは，内部統制の目的を達成するために識別したリスクに対しどのように対応するか，具体的な方針・ルール・手続き等の制定ならびにその実施（"コントロール"とも呼ばれる）のことである。業務プロセスに組み込まれる個々のルールや仕組みのことを指す。職務の分離やけん制機能などが含まれる。

④ **情報と伝達（Information and Communication）**

　情報の風通しがよい組織環境であることは不可欠である。

　役職員すべてにとって職務の遂行のために必要となる情報が，適時適切に識

別・把握・処理され，組織内外の関係者相互に正しく伝達されること。問題の
発生を未然に防げるように内部通報ルートが複数設置されていることなど。

⑤　モニタリング（監視活動）

　内部統制が有効に機能しているか継続的に評価する。

　内部統制の有効性と効率性について（環境変化や新たなリスクへの対応等の
観点も踏まえ），モニタリング・評価することで，必要に応じ是正を促す。

⑥　ICT（Information and Communication Technology）への対応

　ICT（情報通信技術）への対応とは，あらかじめ適切に定められた方針や手
続を踏まえ，日々の業務において，組織内外の ICT システムに適切に対応す
ることをいう。特に，今日のように組織の業務内容が ICT に大きく依存して
いる場合や，情報システムが ICT を高度に取り入れている場合では，内部統
制の目的を達成するための不可欠な構成要素とされる。

内部統制の構成要素との関係

①　内部統制を有効なものにする主役はすべての役職員一人一人である。

②　内部統制とはルール・仕組みであり，プロセスである。したがって，
「整備・導入しておしまい」ではなくそれをきちんと運用していくこと，
及び内部統制が有効に機能しているか定期的に評価し，さらなる改善につ
なげることが肝要である。

③　内部統制（ルールや仕組み）を整備し導入するのは，経営者の責任であ
るが，これを適切に運用するのは，その組織に所属するすべての役職員一
人一人の責任である。つまり，内部統制の主役は組織構成員全員といえる。

　内部統制とは，組織目標達成のためのルールや仕組みのことである。これが
すべての役職員一人一人によって適切に運用されることで，内部統制の目的達
成に合理的な保証が与えられ，ひいては組織目標の達成に寄与することになる。

総合商社における内部統制の構築

　コーポレート・ガバナンス及び内部統制とは何か，また，そのルールや仕組みの整備により，どのような効果が期待できるかについて詳述してきた。総合商社における内部統制構築の具体例として，公開情報である「三井物産コーポレート・ガバナンス及び内部統制原則」（三井物産　ウェブ・サイト　「会社情報」「コーポレート・ガバナンス及び内部統制原則」2006年4月施行（2021年7月改正）を参照することで，基本的理解を深めていただきたい。

4-3 米国企業改革法 （サーベンス・オックスレー法，SOX法）

　エンロン社の破綻など，2001年における企業スキャンダルによって失墜した米国資本市場への信頼を回復するため，米国企業改革法は，企業不正や不正な財務報告を防止し，企業の開示制度の正確性を確保することを目的として，米国で2002年7月に制定された。米国市場に上場する企業が適用対象である。法の主要な柱は，企業の情報開示に対する経営者の責任の強化と，不正を行った企業幹部などに対する罰則の強化，会計事務所や公認会計士に対する監督の強化などである。

　なお，虚偽の宣誓を行った経営者には，罰金，禁固刑を課すことを規定している。意図的に虚偽の宣誓を行った経営者は，有罪判決の宣告により，500万ドルを上限とする罰金もしくは20年を上限とする禁固またはその両方が課せられる。

米国企業改革法－第302条

　米国証券取引委員会（SEC）に提出する年次報告書（Form 20-F）にて，経営者が，以下のような内容について宣誓することを義務付けている。なお，Form 20-Fはどのようなものかというと，日本での有価証券報告書をイメージしてもらえればわかりやすい。

・米国証券取引委員会（SEC）に提出する報告書を精査したこと。

・同報告書に虚偽の記載がなく，重要事実の表示が欠けておらず，すべての
重要事項について公正に表示していること。

・財務諸表はすべての重要な点において財政状態，経営成績，キャッシュフ
ローを適正に表示していること。

・経営者が開示統制と開示手続き，財務報告に係る内部統制を構築・維持す
る責任を有すること。

・期末時点における開示統制と開示手続及び財務報告に係る内部統制の有効
性を評価し，その結果を提示したことなど。

米国企業改革法 – 第 404 条

経営者が年次報告書とともに，以下の内容を含む財務報告に関する内部統制
の評価報告の提出を義務付けている。

・財務報告に係る内部統制の体制及び手続を整備，維持する責任が経営者に
あること。

・事業年度末における内部統制の有効性に関する経営者の評価。

・経営者が評価するに当たって採用したフレームワーク。

・財務報告に係る内部統制の有効性に対する経営者の表明について会計監査
人が証明（Attestation）を行ったこと。

4-4 日本版 SOX 法（J-SOX 法）

本邦において金融商品取引法が制定され，「財務的リスク要因」を対象（報
告目的の確保）として，上場企業に対し，内部統制報告書の作成及び監査人に
よる内部統制報告書の監査が義務付けられた。

本制度は，米国企業改革法（サーベンス・オックスレー法）第 404 条と類
似していることから，「日本版 SOX 法」，または「J-SOX」などと呼ばれる。

4-5 重要性（Materiality）

　大規模かつ多岐にわたる事業を展開している商社活動を見ていくとき，さまざまな視点からの見方は貴重である。そのなかで，業界他社との比較や社会におけるその企業の位置付けを見定める際，何か尺度になりうる基準があることが望ましいと考える。

　しかし，すべてを見ることは現実的ではなく不可能である。そこで客観視しうる一つが，一般に重要と考えられるものを見て比較するという考え方である。「開示」の原則から，重要な概念である「重要性」について，次に説明する。

　企業情報の受け手の立場から，重要性とは何を意味するのだろうか。「重要性」とは何か，この定義を見る。

「重要性」の定義

・財務諸表を信頼する合理的な人（Reasonable person）の判断を，変えてしまうだけの影響をもつ，財務諸表上の欠落や虚偽記載の額。

・合理的な人（Reasonable person）の投資判断が変わる境目の額が監査人（Auditor）の用いる重要性の額。

・重要性の判断は，企業を取り巻く環境の中で行われ，量的にも質的にも考慮される必要がある。一例だが，金額的にはまったく重要ではない支出でもそれが違法な支払いである場合，それが重要な偶発債務や営業停止処分などの重要な収入減につながる合理的な可能性があるとき，重要となりうる。意思決定に影響を及ぼしうるのである。

企業会計原則　第一

　企業会計は，財務諸表によって，利害関係者に対し必要な会計事実を明瞭に表示し，企業の状況に関する判断を誤らせないようにしなければならない。

（明瞭性の原則）

　これは，明瞭性の原則またはディスクロージャーの原則とも呼ばれるもので

ある。明瞭性を高めるためには，すべての情報がディスクローズされることを保証すべきだとする考え方がありうる。一方，その場合，情報が詳細すぎて情報の受け手に混乱が生じてしまう。このような二律背反を調整することが重要である。そのために重要性の原則が不可欠である。

　情報の受け手の立場から，企業の実態を把握したいときに依拠する企業会計は，定められた会計処理の方法に従って正確な計算を行うべきものである。企業会計の目的は，企業の財務内容を明らかにし，企業の状況に関する利害関係者の判断を誤らせないようにすることにある。それゆえ，厳格な会計処理原則を適用するためのコストとその結果から得られる情報の便益を比較したとき，コストが上回ってしまう場合がありうる。重要性の乏しいものについては，本来の厳密な会計処理によらないで，他の簡便な方法によることも正規の簿記の原則に従った処理として認められる。

コラム　　食品偽装問題と「内部統制」

　よく名の通ったホテル内の飲食店だけでなく，デパートや飲食店など国内有名店で，食品偽装問題が発覚し，経済紙等で大きく報道され，消費者の関心をひいたことは記憶に新しい。

　これは，食料品の小売りや卸売り，また，飲食店での商品提供において，生産地，原材料，賞味期限や消費期限，食用に使用可能か否かなどについて，本来とは異なった表示を行った状態で，流通・市販がなされた一連の問題である。材料を偽装していたという意味からは，「食材偽装」とも呼ばれ，事件化された件については，食品偽装事件とも言われている。

　実際起きた問題を種類別に見れば，次のように分けられるが，問題の原因を考えてみると，企業人や料理人のモラルの欠如をまず挙げざるをえないと思う。ただし，ヒューマン・エラーとして整理し片付けてしまうべきではないと考える。

消費行動から見ての，食のブランド化の影響も無視できない問題点である。

・原材料偽装

・産地偽装

・メニュー表示の偽装

・賞味期限・消費期限偽装

・食用に使用可能か否かの偽装（偽装米流通）

・食品食べ残しの再提供

　外食のメニュー表示に偽装があった場合，適用されうる法律の一つとしては，不当表示から消費者の利益を保護する景品表示法（不当景品類及び不当表示防止法）がある。この場合，メニュー表示が実際よりも著しく優良であるかのように装い，不当に消費者を誘導する「優良誤認」があったか否かが焦点となる。しかしながら，法律面から見たとき，メニュー表示に使われた用語を明確に定義するのが難しく，例えば，「鮮魚」や「自家製」という用語については，消費者の理解も一律とはいいにくいと言われる。

　もし問題が起きてしまった場合には，食品の虚偽表示で当該企業は，どのような法律に基づく法的責任を問われる可能性があるだろうか。

　景品表示法の「不当表示・優良誤認」，刑法の「詐欺」，日本農林規格法の「品質表示基準」，会社法の「取締役の善管注意義務，内部統制構築義務」違反等がまず考えられると思う。

　企業の社会的責任を果たしていく上で，大規模に事業を遂行する企業には，欠かすことのできない基盤や仕組みの整備があることはこれまで論じてきた。その一つが，本章で述べる「内部統制」の構築であったが，もし，これが整備されていない場合，その企業は，虚偽表示などの不正を防ぐ仕組みを整えていなかったとして，内部統制構築義務違反に問われかねない事態に，直面せざるをえなくなる。

キーワード解説

■ コーポレート・ガバナンス（Corporate Governance）

　筆者は，株主が会社の経営者を統治する仕組みととらえる。経営の監督と執行との役割分担を明確にし，かつ経営の透明性の向上を目指すものである。企業統治と訳され，一般的には企業の内部統制の枠組や不正を防止する機能を整備することによって経営者の暴走を防止し，経営を健全に方向付けていくことをいう。企業は，株主，債権者，取引先，従業員，借入先金融機関等のさまざまな利害関係者と関係をもって成立している。このため，経営者による独断により，企業の経営が暴走しないようにするために経営者の行動を監督する機能が重要である。

■ 内部統制の統合的フレームワーク（COSO レポート）

　企業等がその内部統制を評価し，改善を図る際に役立つ基準として 1992 年米国トレッドウェイ委員会組織委員会（COSO：The Committee of Sponsoring Organizations of the Treadway Commission）が発表した内部統制の枠組。2013年 5 月内部統制の統合的フレームワーク改訂版が公表される。

■ 内部通報ルート（制度）

　企業内部のさまざまなリスク情報について，通常の業務組織ルートとは別に通報できる制度があること。通報により通報者が不利益をこうむらないよう有効に機能させる仕組みが必要。

■ 内部統制報告書

　会社法が求める内部統制システムの整備と運用に加えて，金融商品取引法に規定された，経営者が作成する財務報告に係わる内部統制の有効性の評価に関する報告書を指す。上場企業は，事業年度ごとに有価証券報告書とともに内部統制報告書を提出しなければならない。

■ 偶発債務

　現時点においては単なる損失の可能性であって法律上の債務ではないものの，一定の条件が満たされるような事態が発生したときに法律上の債務として確定する可能性がある義務を指す。財務諸表上，潜在的なリスクを伴うものとしての開示が必要なため，貸借対照表の注記項目となる。

第5章

コンプライアンス

ステーク・ホルダーからの信頼をゆるぎないものとするために，総合商社など大規模な企業は，法規や社内ルール，あるいは社会規範を遵守するための仕組みとチェック体制を構築している。コンプライアンスとは何か，どのように法規をとらえ位置付けるかについて整理する。

5-1 コンプライアンス問題

　コンプライアンスとは，役職員一人一人が法律や規則など，社会の基本的なルールに従って活動を行うことだ，と言われることがある。法規の遵守はもちろんのこと，それだけではなく，社内ルール等その他のルールにも従い，社会人としての良識と責任をもって行動することを意味している。

コンプライアンス案件の事例

　コンプライアンス案件として報道されたわが国のケースより，以下に3例取りまとめてみる。コンプライアンス経営で遵守しなければならないことは前述したが，法規範に抵触した場合は議論の余地がない。この考え方で異論はないと思う。コンプライアンス経営における法的責任を果たすということは，刑事責任を問われる刑罰法規，行政責任を問われる行政取締法規及び民事責任を生ぜしめる民事法規，これらいずれにも反しないことが最低限といえる。なお，

最後まで争うプロセスを選択したときは，これらの法的責任は，裁判で決着がつけられることになる。

■事例：A社株式インサイダー事件（2009年6月）

・関連業界大手B社（東京）とA社（東京）が業務提携するとの未公表情報をもとに，B社の男性社員が，公表前に社内の業務連絡でこの情報を知り，その妻の口座を使いA社株を買い付け，インサイダー取引をしたもの。

・他方，A社株をA社社員の夫の妻Cが，当該業務提携の未公開情報を知り，公表前にCの知人名義の口座を使ってA社株を買い付けることにより，インサイダー取引をしたもの。

［問題点］

不正は許さないとする社会の見方や資本市場をめぐるモニタリングの情況は，今日ますます強化の方向に進んできている。証券市場の整備は大きく進み，過去発生しえた不正は，きわめて起こりえなくなっている。

例えば，今日では，インサイダー取引規制は形式犯とされており，一律に罰せられる。A社株でもうけたかどうか，利益を得る目的があったかどうかということは一切関係ない。あるいは重要事実の入手と利益との間に，因果関係があったかどうかということも一切関係ない。金額は小さいから問題ないのでは，といった安易な考えは許されない。

会社関係者が，内部者登録をしていないからといって，重要事実を知りながら，自ら会社の株式を売買することは，当然違法行為である。また，これを配偶者，友人等第三者名義の口座を利用して行ったとしても，その勘定が本人に帰属する限り，本人が行っているのと同一とみなされ，本人がインサイダー取引規制違反を問われる。

ここで，インサイダーなど株取引に関連するリスクを挙げてみる（順不同）。

① 役職員（職員の場合，内部者登録をしている者）がインサイダー取引規制に反して自社株の売買をしてしまうリスク

② 自社株の売買を取引規制に反してしてしまうリスク（会社の場合，役職

員の場合）

③　有価証券報告書などに誤った事実を記載してしまうリスク（会社の場合）

④　不適切な情報開示により株価に著しい影響を与え投資家に悪影響を与えるリスク（会社の場合）

⑤　損失補填や損失補償の約束をさせられてしまうリスク（証券会社の場合）

■事例：国後島入札における偽計業務妨害事件（2002 年 7 月）

　北方四島支援事業の国後島「ディーゼル発電所」の競争入札で，外務省の担当官から予定価格などの情報を引き出す一方，競合商社に入札参加の断念を働きかけるなどして，公正な入札を妨害したという偽計業務妨害の容疑である。社員 3 名が逮捕され，うち 2 名が起訴され，翌年 3 月に有罪が確定した。

■事例：DPF 問題（2004 年 11 月）

　子会社で製造し，親会社が販売していたディーゼル車向けの排ガス対応粒子状物質減少装置（DPF）＊の首都圏 8 都県市への指定申請時に虚偽のデータが作成・提出されたとし，粒子状物質の補足率が基準値に達していない製品を販売，刑事告発を受ける。本環境対応商品は，東京都をはじめ 8 都県市，国土交通省，環境省，関連団体ほかから補助金対象の指定を受け，累計で約 22 千台を販売していた。

　＊ DPF（Diesel Particulate Filter，粒子状物質減少装置）：ディーゼルエンジンの排気ガスに含まれる粒子状物質等を除去・減少する浄化装置。

　[DPF 問題への対応]

・問題判明後，ピーク時で 480 名以上の組織で対応

・補償費用として約 450 億円の引当金設定

・補助金交付団体へは，2005 年 12 月，補助金一括弁償完了（約 1 年）

・お客様 / ユーザーへの対応は，代替品との無償交換，購入代金相当額の支払い，新車・中古車への買い換えの支援などを柱とし，2006 年 10 月，

　対象となる DPF の回収完了（約 2 年）

　再発防止策として，「制度面」での対応と役職員一人一人の意識改革を実行。また，原点に立ち返り，良い仕事とは何かを見つめ直す活動等が実践されてきている。

〔三井物産ウェブ・サイト，CSR リポート 2005 日本版「DPF 問題について」〕

再発防止に向けて

　3 件のコンプライアンス問題案件を見てきた。

　なぜコンプライアンス問題が起きてしまったのか。起きてしまった以上，再発の皆無化を図るためにあらゆることを検討し，その結果再発防止に資する仕組みを導入する。そして，それを実効あるものにするための企業内研修や教育を定期的に実施していく。ほぼ例外なく大規模な企業では，この種の対応はしっかり取られてきていると考える。

　しかし，ここで留意しなければならないことは，どのようにして粘り強く継続的に，コンプライアンス問題意識を企業内でもち続けられるかである。仕事というものは，どのような場合でも簡単ではない。日々の業務に全力で取り組み続けるとき，ふとしたはずみで，魔がさすこと，また，抜けが起こりかねない懸念が，皆無ではない。これが本来の人間の性であるとした場合，起こりかねないことは起こることである。これを前提とした対策と仕組みをつくり築き上げることが，現場と現実に則したとるべき施策と考える。

　一例だが，昨今，ICT を活用して，コンプライアンス研修のために，e−ラーニングが本邦大規模な企業で活用されている場合が多い。いついかなるときでも，馴れは大敵である。この場合，参加記録がとりやすいなど，「研修」すること自体が目的となってしまわない運営が肝要である。また，役職員の顔が見える形などの工夫が，あわせて実践される必要がある。

　コンプライアンスという言葉の意味する本質は，どのようにとらえたらよい

のだろうか。コンプライアンスという言葉をあらためて考えてみると，本来，意味するところは何なのであろうか。コンプライアンスとは，広く社会的要請への対応ととらえることが可能である。変化が常態とされる今日，機敏に環境変化を察知し，感度よくしなやかに対応することこそ重要と考える。

　この観点から，内部統制と広報それぞれの役割を次のように位置付けると，基本的理解において，間違えなくて済むと考える。

> ・内部統制＝経営者自身の透明性を高める手段
> ・広　　　報＝社会との関係をつくる窓口

基盤の整備と浸透

　コンプライアンスを浸透させるためには，一人一人の意識の問題のみならず，企業として，風土や体質を改善していく。そして行動基準を明確化することが不可欠と考える。

　新聞や雑誌などで，偽装とか隠蔽，またねつ造などの言葉で問題が投げかけられ，報道される。その都度，ほぼ同時にコンプライアンスという言葉を見かける。この場合においては，コンプライアンスを法令遵守と同義と解釈し，法令を守ることと狭めることも不可能ではない。やってはいけないとされることは決してやらないし，やらせない仕組みをつくる。このため，個々人の倫理観だけに任せることはできない。それゆえ，繰り返しコンプライアンス教育を実践することは大切である。なお，倫理観とは広く社会規範として成立している行為規範の意味ととらえる。コンプライアンスとは，「当たり前のこと」を当たり前のようにすることである。これが，コンプライアンスという言葉の本来の意味するところではないだろうか。

　しかし，当たり前のことに気が付くのが，実は最も難しい。

　このことに気が付くか。ここが本質である。

前向きな対応へ

　ここで，企業活動・商社活動にとって大切なことは何だろうか。あらためて考えると，筆者の個人的見解であるが，企業価値の向上ではないだろうか。

　継続企業体としての競争戦略の一端として，コンプライアンスを位置付ける。後ろ向きだけでなく，前向きかつ積極的な対応をとっていくために，この見方は必須である。

　アンテナを高くして，ステーク・ホルダーの声に耳をそば立て，機敏に行動していく。そのためには，本業に近い部分で社会から生の情報の入手に努め続ける。そして，差別化戦略としてコンプライアンスを位置付けていく。

　個々の企業がやりたいことだけをやって対応していると，社会全体でどういうことが起きてしまうのだろうか。「合成の誤謬」という概念がある。一人一人，一社一社企業が最善と思える対応をとったとしても，その結果がその社会（共同体）での最善の結果となっているかどうかは，単純に見極めることはできないとの考え方である。

　国または地域ごとの個別最適は実現できていても，同じことを広く地球規模で見たときの影響はどうだろうか。例えば，地球温暖化問題の影響を考えるとき，個別最適ではなく全体最適が図れる制度や仕組みをもたなければならないことは自明であると考える。

5-2 コンプライアンスとは

あるべきコンプライアンス

　日本語の「遵守」が，いわば言われたことを守ること，と言い換えられる受動的なものであるのに対して，コンプライアンスという言葉本来の意味は，より広い範囲からの能動的な意味をももつ。それゆえに，「コンプライアンス」の本質は，いかに企業が，社会に対し，柔軟に対応していけるかを考え行動することであり，そのためには，感度よく機敏に対応することが，個々の企業に必須の要件であるとの考え方がある。この考え方に立てば，企業にとってコンプライアンスとは，「社会からの要請にしなやかに応じながら，その企業（事業体）の目的を実現していくこと」と定義でき，わかりやすい言葉で言い換えれば，「当たり前のこと」を「当たり前のようにやること」と言い換えられる。

　一方で，例えば，ルール社会と言われる米国の場合で考えられるように，経済社会の価値が法令やルールでとらえられるとしたときは，コンプライアンスは，法令やルールの遵守と同義としてとらえることができる。もともと法令は，社会からの要請や期待を共通の規範とし，文書化して形成されているものということが可能である。

　ひるがえって，お上国家としての風土・文化が根強くあるわが国では，世間体は気にするが社会そのものには，本当のところあまり関心がない。これが実のところではないだろうか。

　規制緩和・事前規制型の窓口指導から，事後チェックに向けての司法制度改革があるべき姿として進められてきている。進むべき方向は，透明・公正なルールに基づく自己責任のもとで，自由競争を前提とした事後制裁・救済型社会である。こういった社会の実現に向けた変革の過渡期に日本は今あるとの見方がある。企業に対する規制も業法に基づく窓口行政指導中心の見方から，透明・公正なルールに基づく方向に，シフトしてきている。まだ実際は変革期で

あるとの認識に立つと，法令と社会からの要請等がしばしばギャップを生じ，乖離がありうることに気付く。少し前のアスベスト問題への対処を例に考えてみると，アスベストをめぐる発ガン性問題は，すでに 1980 年代には明らかとなっていた。しかし法令での規制が実現したのは，ようやく 2004 年になってからと，約 20 年のギャップが生じていた。

　また，法令について，単純にその形式的要件のみをとらえても，必ずしも社会からの要請に相応した活動にはつながらない場合がありうる。そこで，法令の形式要件のみをとらえるのではなく，立法の主旨やその背後にある社会環境の変化を積極的にとらえ，機敏に対応していこうとすることが，あるべきコンプライアンスへの基本となる取り組みである。

　総合商社各社のサステナビリティレポート，CSR レポートやウェブ・サイトには，各社の「役職員を対象とした行動規範」が掲載されている。まずウェブ・サイトにアクセスし，興味をもった会社について読み込んでみる。各社「理念」や「社是」を土台として，企業としての「行動指針」を定めてあるが，それらへの役職員の「行動」の拠りどころとされるものである。

　総合商社各社では，コンプライアンス問題発生への未然予防策として，業務に必要な知識を広く共有するとともに，役職員のコンプライアンス意識のさらなる徹底と，コンプライアンス実践に必須な知識・情報の周知を図るため，各種のコンプライアンス教育・研修が行われている。コンプライアンス教育や研修で最も重要なことは何であろうか。社会の環境変化をすみやかに感じ取り，機敏に対応していけるように組織をまとめ，一人一人が「何が大切かで間違わない」ようにできることといえる。白か黒かがはっきりするような単純な問題は，規則を定め，研修を徹底し，厳格な罰則を適用すればそれでできる。しかし，現実は，単なる法規制の強化や，その遵守の徹底だけでは解決できないことが多い。当事者間での解決などという，正しくても機能しないことが明らかな偽善は，捨ててかかることが不可欠だ。不正の 2 文字ほど多くの人から嫌

われる言葉もない。一罰百戒という言葉がある。問題が起こると，その1社に止まらず，同業他社が数多く同じ状況に直面していたことが報道等からわかる。昨今，食品偽装問題で，このことが起きたことは記憶に新しい。業界慣行や慣習とされてきたことなどが，社会の基軸の変化により表面化し，いわば場の共有意識とのずれに気付き，機敏に対応できることが，変化が常態である今日，問題の根本解決のためには不可欠である。

　なかでも，現実に企業社会で留意すべき点は，社会からの要請はさまざまありえ，変化が常態であることだ。必要なことは，法令遵守に留まらず，アンテナを高くして社会の要請を機敏にとらえ，日常業務の中に取り込んでいけるようにすることである。

社会の要請に応えて

　繰り返しになるが，法令遵守はいわば当たり前のこととし，あるべきコンプライアンス対応は，法令の遵守に留まらず，しなやかに社会の環境変化をとらえ，継続企業体として企業価値の向上を実現していくことである。そのために，自社の強みを活かしたコンプライアンスへの取り組みを企業の差別化戦略とし，競争力の源泉の一つとしていくとの考えが成り立ちうる。

　企業価値向上の観点からこの点を整理してみよう。昨今，CSV（Corporate Social Value）という言い方がよく使われてきている。社会的課題を企業の事業活動と切り離して別の課題として見るのではなく，事業戦略と一体のものとして扱うことが特色とされる。しかしながら，これにより何か新しい概念が創出されたわけではないと筆者は考える。本質は，公共の利益とトレード・オフでなく競合先とどのように差別化を図るかであり，そのために，プラスの影響をいかに創造していくか。そのために独自のCSRを遂行する。

　まとめてみると，次ページ**図表9**を参照すれば，整理して理解しやすいのではないかと考える。

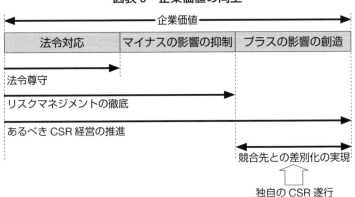

図表9　企業価値の向上

「社会の問題の解決を事業上の機会に転換することによって，社会の要請に応え同時に利益にすることができる」と，ドラッカーは記している。

5-3 外国語概念の移入における日本の問題点

　本来，翻訳とは，社会性をもつと同時に歴史性をもっており，翻訳による「日本語への置き換え」は，日本社会における文脈の読み替えでもある。このことに留意する必要がある。

　明治における文明開化の時代，福沢諭吉や中江兆民により，それまでの日本にはなかった新しい概念を日本語で当てはめ創り出し，その結果，社会の進歩に大いに寄与し浸透していった成果は，記憶に新しい。

5-4 法律用語の定義について

　総合商社においてはさまざまな事業活動を展開しており，関連するあまたの

事業法令と基本法の遵守が，コンプライアンスの大前提であることは論を待たない。法令遵守をきちんと行っていくためには，たとえ専門外であっても，現場での初動対応で間違わないようにできること。そして，その場で，正しく法規の定めている内容や適用範囲を把握できるようになっていることが必須である。しかしながら，時として専門用語の意味するところや定義された内容について，把握できず，果たしてこの通りでよいのか，自分は正しく理解しているのか，不安になることがありうる。ではどうすればよいのだろうか。例えば，国の基本法の一つである民法を例にとれば，読んでみようとしたときわかりにくいことが本当に多くある。なぜ難解なのか考えてみると，次のような問題が根本にあることがわかってくる。

　・積み重ねた判例や学説を知らないと意味がわからない条文があること。
　・難しい用語が，定義を明記しないまま使われていること。
　・日常使うと別の意味をもつ用語があること。（例：「悪意」の第三者）
　・前提となる原則を明文化しないで，その原則を適用しない例外だけを定めた条文が多いこと，等。

　なぜ，このように一般には理解しがたい不合理ともいえる記述がありうるのだろうか。また，法律問題とは何を意味するのだろうか。早い段階で，これらの疑問をもち，共有すること。そして，「なぜだろう，なぜかしら」形式で自身に問いを投げかけることを，筆者はお勧めしたい。企業に勤務する際を考えたとき，何が大切かというと，「法律」と「数字」，この2つであると筆者は考える。そのためには食わず嫌いでなく，興味の対象として早目に取り組み始めることをぜひ検討されたい。これら2つに強いこと，ないし，頼れてかつ信頼しうる友人がいれば，われわれの社会で大きな間違いは避けられると筆者は考える。

　この観点から法律的見方ができるようになる糸口として，海商法の船の定義を例に考えてみる。50年以上も前に出版された本であるが，我妻栄『民法案

内 I 』より，次の通り引用してみる。まず第一歩として，基本的な理解をもてるようにしよう。〔筆者注：改正海商法，2019 年施行〕

海商法の船の定義

定義というものは，わけのわからないむずかしいもので，ときには，常識に合わないものも少なくない。

海商法の船の定義は次の通りである。

・「船とは，水，空または陸を航行する一定の建造物にして，他力によって自在に自動するが如き情態に在ることなり」

・「船とは」といいだすから，何か見当がつくかもしれないが，「船とは」といわずに「他力によって自在に自動するが如き建造物」は何か，といったら決してわからない。「私は誰でしょう？」の第一問としたら，おそらく，こたえる人はあるまい。

それなら，なぜかような常識から遠い定義ができたであろうか。それはこういう論理の結果である。船というと，まん中のへこんだ凹型のもののように素人は思うかもしれない。しかし，近頃は凸型もあるから，形は船の特色にはならない。「一定の」というほかは無い。また，船といえば水の上とおもうかもしれないが，潜航艇は水中を航行する。それだけではない。空中には飛行船があり，砂漠には砂漠船がある。だから，水も空も陸も船に特別の関係はない。結局すべての船に共通の特色をとらえれば，「自動するが如くして他動する建造物」というほかは無いことになる。最も海商法では，飛行船や砂漠船は研究しないから「水を」航行するといってよい。しかし，今日では飛行船も重要な学問の対象となっているから，飛行船と水の船との両方を含む船の定義では，「水を」ともいえなくなるのであろう。

・船の定義は，およそ船といわれるもののすべてに共通な性質，いわば最大公約数だ。かようにして，定義に包括された範囲を広げれば広げるほど内容は希薄になる。外延が拡がれば内包が希薄になるのは論理学の教えるところだ。

〔我妻栄『民法案内 I 』一粒社〕

5-5 環境法規対応

　企業の社会的責任を論ずる際，環境問題の重要性は論を待たない。例えば，事業投資を検討し土地・建物などの資産評価をする際，簿外のリスクとして，環境面からの実態をできる限り把握することは欠かすことはできない。この場合常に，適用される規制基準がどのようなものかの理解が大前提となる。その際，適用される環境法規の理解は欠かせない。

　今日はグローバル・グループ経営の時代と言われている。総合商社では，製造・調達の現場は外にあると言われて久しい。総合商社にとって，現場での環境リスクを低減できる実効的支援をいかに実現していくかは重要な課題であり，そのなかで，環境法規対応は，そのための重要な一角を占めている。
　ここで，総合商社等が加入している社団法人　日本貿易会の商社行動基準（2018年3月改定）と商社環境行動基準のコンプライアンスの記載について，今一度，参照してみよう。
　日本国内でのコンプライアンス問題発生3事例ついては，本章5-1「コンプライアンス問題」にて触れたが，コンプライアンスに関しては，国内のみならず欧米・アジア等あらゆるところで，なお，あまたの問題がありえている。

5-6 企業をめぐるステーク・ホルダーと，事業活動における関連諸法規

　コンプライアンスとは，法令遵守で留まるものではない。このことはこれまで詳細に論じてきたが，一方で，間違えないで対応することが，決して簡単ではない。その一端については，5-4「法律用語の定義について」で説明した。
　本邦の法律は，ザックリ言っていくつぐらいあるだろうか。2021年4月時

点では，2,056 法令と言われる。政令，府省令等を加えると 8,669 法令（2021
年 4 月時点）を数える。（e-Gov 法令検索，より）日本の法令の全体像につい
て，商社活動と企業の社会的責任との見方から，代表的な場合を想定して**図表
10** の通り簡単にまとめてみる。

- ・業法：事業法令であり，業種業態によりあらゆる種類がある。多岐にわた
る業界をカバーしている。
- ・六法：憲法，民法，商法，民事訴訟法，刑法，刑事訴訟法をいう。
- ・法律―政令―省令―告示―通達
- ・条例と条例規則
- ・条例：地方公共団体の議決により制定されるもの

図表 10　企業をめぐるステーク・ホルダーと関連諸法規

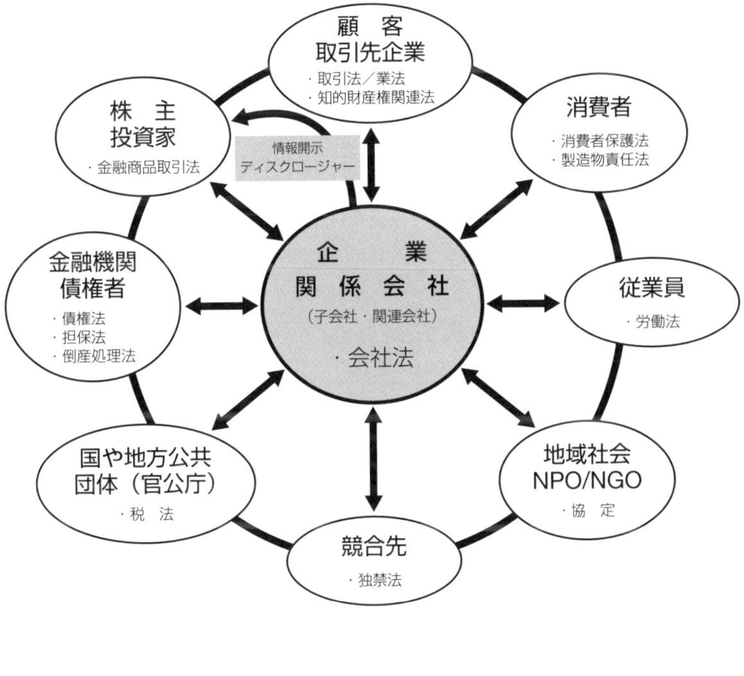

　我妻栄先生の「民法案内Ⅰ」によると，法律の理論（規範性）と事実の確定は，論理的には別だということを理解する必要がある。

　道徳の法則や論理の法則などの規範法則は，事実のあり方を述べる自然法則に対して，こうしなければならないという形をとる当為の法則とされる。当為とは，あること（存在）及びあらざるをえないこと（自然必然性）に対して，人間の理想としてまさになすべきこと，まさにあるべきことを意味する。当為には，ある目的の手段として要求されるものと，無条件的なものとがあり，カントは，道徳法則は後者であると考えた。

私法法規はどんな構造をもつか。

　私法の規定は，一定の事項についての私法上の効力を定めるものであるが，いずれも，「一定の事項があれば，一定の効力，すなわち権利・義務を生ずる」という形式をとる。この一般的・仮定的な規定に基づき，具体的事項について，現実に生じた効力を確定することが，即ち私法の適用である。

三段論法

　私法法規の適用は三段論法式になる。

　「Aの事実があれば，Xの結果を生ずる。」という規定について。

　これを最も簡単な形式でいい表すと，

　「Aの事実があれば，Xという効果を生じる。」（法規）

　しかるに「当該事件はAである」。

　ゆえに「Xという効果を生ずる」という論理形式となる。

　この際，大前提となる法規が民法であれば，民法の規定のAとはなんであり，Xとはなんであるか。

　この問題を法律問題という。そしてそれは，法規の解釈のことである。

　これに対し，事件の内容，即ち果たしてAの事実が存在するかどうか。こちら

の問題を事実問題という。然しながら，これは，法規の解釈とは異なる。自然界の出来事を確認する仕事である。

[我妻栄『民法案内Ⅰ』一粒社]

キーワード解説

■ 内部者登録

内部者登録とは，いわゆるインサイダー取引（内部者取引）を防ぐため，上場会社の役職員で重要事実を知ることができる立場にある人が，あらかじめしなければならない金融商品取引法の規制に基づく登録のこと。

■ 企業価値

企業価値（Enterprise Value）とは，企業が生み出す将来の収益合計の現在価値と定義される。企業の資産・安定性・収益性・効率性・成長性等現在及び将来の株主の利益に資する企業の属性またはその程度のことを指す。

■ アスベスト

石綿とも呼ばれ，耐熱・施工性に優れ，かつては屋根スレート材や断熱材など多分野で使用された。しかしながら，その繊維がきわめて細いため，大気中に飛散しやすく，人間が吸引するとじん肺や中皮腫などを発症することがある。欧米では早くから使用が禁止され，日本でも原則禁止されたあと吹き付けアスベストの規制が強化された。

■ 悪意

道徳的な善悪とは関係がなく，法律用語としては，事情を知っていることを悪意といい，事情を知らないことを善意という。

■ 規範

対象がいかにあるかという事実を記述する事実命題に対し，対象がいかにあるべきかという当為の必然性を記述する命題をいう。法規範や社会規範がその典型。

第6章

リスク・マネジメント，事業リスク及び環境・CSRリスクへの対応

リスクとは何か。No Risk, No Return，また，リスク・リターンという言葉を聞いたことがあるのではないか。活動を続ける以上，リスクはゼロではない。リスクをマネージできる範囲に落とし込みリスクをとっていく。それこそが欠かすことができない攻めの取り組みと言われる。ここでは，「リスク」について整理する。

6-1　リスクとは何か

　人はだれでも自分が大切なものを守りたい，という気持ちがある。個々の人にとって一番大切なものは何だろうか。やはり命だろうか。大切なもの，守りたいものを一人一人の努力だけでは守れない状態，その一つが地球規模での環境問題といえる。言い換えると，環境問題のテーマはリスクの削減である。また，リスクをどうとるかは，確率で表すことが可能である。

　環境問題のリスクも，適切な対策をとることによって削減することは可能だが，ゼロにすることはできない。これが冷徹な事実で，リスクをトータルに見たとき，トータルリスクをいかにして最小化するかという対応が必要となる。

　リスクの起源は，保険業を例にとることで理解しやすい。ある保険契約を行う際に，確率的なことを考える必要がまずある。例えば，貨物船であれば，沈没してしまう事故の確率だ。火災保険であれば，火災発生の確率とその損害額の推定。これらを定量的に示す値がリスクであるといえよう。

リスクの定義

リスクとは何か。さまざまな見方が可能である。まず，一般的な定義から考えてみる。『広辞苑（第七版）』で見てみるとリスク及びリスク分析，リスク・マネジメントについて，次の通りである。（一部加筆修正）

リスク（Risk）

- 危険（リスクを伴う）
- 保険者の担保責任。被保険物。

リスク分析

- リスクを低減するための方法論。リスクの科学的な判定（リスク評価），具体的な措置（リスク管理），情報・意見交換（リスク・コミュニケーション）から構成される，リスク学。特に，リスク評価での危険度分析をいう。

リスク・マネジメント（Risk Management）

- 企業活動に伴うさまざまな危険を勘案し，損失を最小限に抑える管理運営方法。RM。

上記の一般的な「リスク」の定義のほかに，内部監査論における「リスク」の定義を次に見てみる。内部統制，内部監査及びマネジメントシステム等において，定義され用いられている「リスク」とは，マイナスの影響のみならずプラスの影響を含めたすべての不確実な要因を指す。「リスク」という言葉で定義される範囲が使い方によって異なるということである。

米国内部監査協会によるリスクの定義

米国内部監査協会の定義では，リスクとは，企業の収益に影響を与えるすべての不確定な要因を指す。換言すれば，収益にブレ（プラスにせよマイナスにせよ）を生じせしめるすべての要因は「リスク」である。

リスク（Risk）

目標の達成に影響を与える事象発生の可能性。リスクは影響の大きさと発生可能性に基づき測定される。

〔影響の大きさ＝出来事の危なさ×主体にとっての被害のこうむりやすさ〕

〔「内部監査の専門職的実施の国際基準」2013，米国内部監査人協会〕

6-2 安全とは，許容できないリスクがないこと
Safety：Freedom from unacceptable risk

安全とリスクの関係について，以下に説明する。

安全とは，どのような状態をいうのだろうか。人に着目し労働環境の場に限った場合，「作業する人が，作業現場においてその身にリスクを感じないこと」と説明することは可能である。しかしながらこれでは，具体的ではない。「リスクがないこと」と「安全であること」は同じことであるであろうか。経験から，リスクはないと言っても，必ずしもそれが「安全である」とは言いきれないことを知っている。つまり，「リスク」はないわけではなく，活動を続ける以上，絶対安全はありえない。言われてみると自明であるが，まずこのことに留意することが必要である。

① **許容可能なリスク** (Tolerable Risk)：その度合いは，危険な状況に対する時代時代の社会的価値観，言い換えれば，社会からの見方によって変わる場合がありうる。その中で最大許容可能リスクという考え方が生まれる。

なお，労働安全衛生マネジメントシステム（OHSAS18001：2007）では，許容可能なリスク（Tolerable Risk）に代わり，受容可能なリスク（Acceptable Risk）という用語を使う。欧米では，事故や安全に関する訴訟対応のため「許容可能なリスク」という用語は避ける傾向が，この変更の背景にある。

リスク・アセスメントの実施の際，努力義務としてのリスクレベルは，「合理的に実現可能な程度に低い」（As low as reasonably practicable）とされる。

② **管理方策なしのリスク**：これは，通常，許容しうるリスクより大きいとされるが，時に同じであることもありうる。

③ **残余リスク** (Residual Risk)：これは，リスク低減プロセスの後に残るリスクである。

このリスクは許容可能なリスクより小さいか，または，同等と見られる。言い換えれば，法的義務及び自らの労働安全衛生方針に関連して，組織によ

図表 11　安全とリスク，想定外のリスク

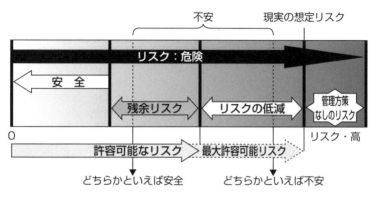

って対応しきれる水準にまで低減されたリスクと定義される。

④　**最大許容可能リスク**：許容しうる最大リスクを指し，これ以上，許容することのできないリスクをいう。

　この「最大許容可能リスク」は絶対的なものではなく，社会的条件，その時代背景，文化，国民性，民族，歴史等の状況により，柔軟に変わりうる。

⑤　**安全状態**：Hazard（危険源）を除去し，リスクを低減して，最大許容可能リスクよりも低いリスク（残余リスク）までに下げる。そして，この状態を安全状態と定義する。

6-3　リスクの構成要因

リスクの3構成要因

　リスクの構成要因として，主なものは次の3つである。

①　**Danger（危険）**：特定されない一般的な危険状態をいう

　最も漠然とした状態を示すことが多い。通常，この状態の中に，Hazard（危険源）を単数あるいは複数含み，その結果として危険な状態となっているもの

である。

　〔例〕危険地帯，危険ゾーン，危険人物

②　Hazard（**危険源**）：避けることができない危険の源そのもの

　危険源そのものは，その性質を変えることができないとされる。危険源をなくそうとすれば，そのものを直接的になくすしか方法がない。

　危険源そのものが，明確な形，エネルギー，性質を有するものであり，これは，「本質危険源」及び「誘因危険源」とに分けることができる。

　「誘因危険源」とは，一次エネルギーの作用により，それに接触するものに対して，損傷，障害を発生させうるエネルギーが顕在化した部分をいう。

　〔例〕回転部，高温部，高圧力部，高電圧部，高反発部等

　「本質危険源」とは，「誘因危険源」をつくり出す潜在的エネルギーをいう。基本的には一次エネルギー形態が，これに相当する。

　〔例〕電気エネルギー，位置エネルギー，圧力エネルギー

③　Exposure（**暴露**）：危険源との接触可能性の提起と増大（行為）

危険源と人の位置関係

　前述，「リスクの3構成要因」の説明を図示してみよう。Hazard（危険源）と人（作業者）との位置関係から，リスクがどれだけあるか確認できる（**図表12**）。

ハインリッヒの産業安全の原理

　大事故は，起きてしまったときは取り返しがつかない事態を招いてしまっている。それでは，事故の発生をどうすれば最小化できるか，また回避できるようになるか。そのために研究が進められてきたが，そのなかで基本的理解に欠かせないのが，「ハインリッヒの産業安全の原理」である。これは，大きな事故が1回発生する前には，それまでに約300の事故にはつながらなかったミスがあり，また29の大事故に至らなかったが小さな事故やニアミスが起きている。この比率モデルを表したものである（**図表13**）。

　事業推進に当たり，小さなミスでも発生した際，次につなげるためにその是

図表 12　危険源と人との関係

「作業しているところ」と「危険があるところ」が離れているとき。
この場合は，危険源に暴露していない＝リスクはゼロ

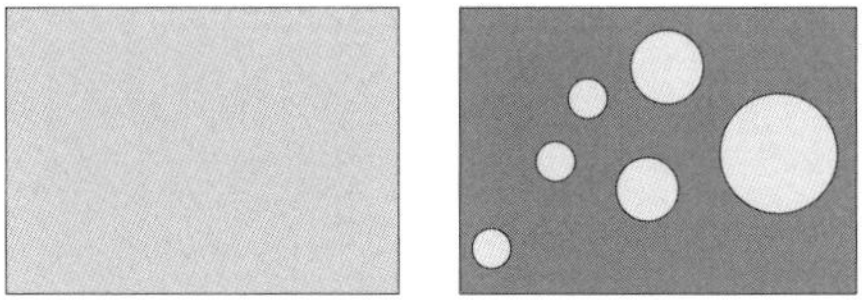

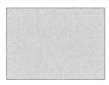

「作業者」は，危害が小の危険源に暴露している。
この場合は，危険源に暴露している＝リスクは小

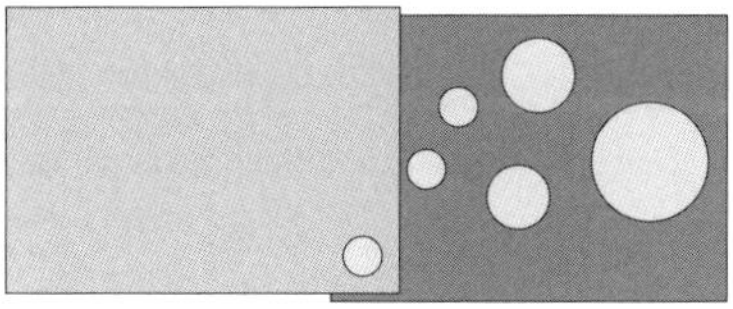

「作業者」は，危害が中・大の危険源に暴露している＝リスクは大

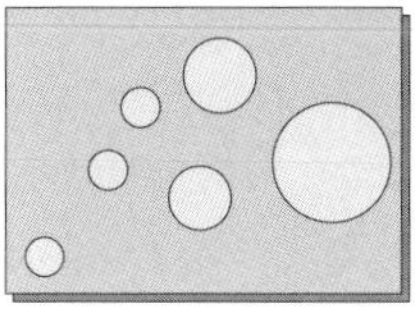

図表 13　1:29:300　ハインリッヒの災害と傷害の比率モデル 3 角形

〔OHSAS18001:2007　「労働安全衛生概論」〕

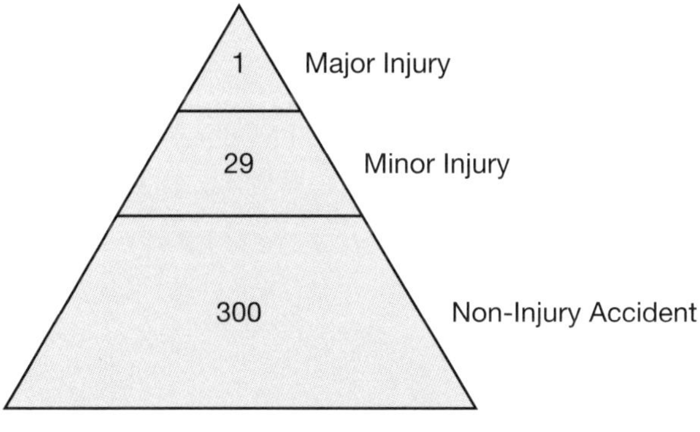

正処置と予防処置をしっかりつくり，個人ベースに留めずに共有化する。こうすることで，大きな事故の発生を予防し防ぐことが可能になる。

6-4 リスクの分類

　リスクの分類としては，大きく分けて自然災害のようにその事象が発生した際に損失のみが発生するものを「純粋リスク」といい，為替や商品相場のように利益にも損失にもなるものを「ビジネス・リスク」ないし「投機的リスク」という。また，リスク量の把握面から見ると，「計量（定量化）可能リスク」と「計量不可能リスク」に区分される。

　総合商社における事業リスク管理を念頭に，発生原因別にリスクをさらに分類してみると，次の通りとなる。

① **信用リスク**：取引先の倒産により発生する貸倒れ損。このリスクは，何も総合商社に限らず，売買に関与する企業にはつきもののリスクである。

② **事業リスク**：事業資産保有リスクと事業投資リスクからなる。言い換えると，固定資産等を保有するリスクと関係会社等に対する投資から発生するリスクを指す。

③ **マーケットリスク**：商品や有価証券の価格変動リスク，陳腐化リスク，為替変動リスク，金利変動リスク等。

④ **カントリーリスク**：海外への貿易や資本投資を検討した際，狭義には，外国政府による事業の接収や輸入制限，為替制限，戦争等の「非常危険」を指す。また，広義には，狭義のカントリーリスクに起因するビジネス・リスクも含まれる。

⑤ **商品リスク**：商品クレームや製造物責任。マーケット・クレームを含めることもありうる。

⑥　**システミックリスク**：大規模な金融システムの制度崩壊によるリスク。

⑦　**人事リスク**：役職員の不正，争議行為の発生により遂行に悪影響が出てしまうリスク。

⑧　**法務リスク**：独占禁止法違反，外為法等違反（安全保障貿易管理のほころびに起因），法令違反。

⑨　**オペレーショナルリスク**：システムのダウン等に起因するリスク。

⑩　**社会的責任リスク**：環境リスク，CSR リスク，人権・暴動・テロ・風評（レピュテーション）に起因するリスク。

⑪　**感染症リスク**：Covid-19 など感染症に起因するリスク。

⑫　**自然災害リスク**：地震・津波・竜巻・大火災等の天災によるリスク。

　このようにさまざまなリスクがあるが，列挙されただけではない。その他を含め，事業遂行におけるリスクを管理できる範囲に落とし込み，そして，とるべきリスクはとって目的達成を図る。事業活動をリスク面から見ると，このようなプロセスということが可能である。

6-5 リスク・マネジメントのプロセス

　さまざまなリスクに対応するには，どのようにすればよいだろうか。リスク・マネジメントとの考えについてまとめる。

　一般的にリスク・マネジメントのプロセスは，①認識，②伝達，③対応，の3段階に分割することが可能である。

① **リスクの認識**

　あるポートフォリオまたは個別の事業に関し，どのようなリスクがあるかを識別する過程をいう。リスクを分析・定量化し，リスクの伝達と対応に向けた準備を行うことを含む。

② リスクの伝達

　認識されたリスクを社内外管轄部署に伝達する過程を指す。

　適時的確に伝達を行い，認識内容の再評価やそれへの対応プロセスの開始を促す。認識されたリスクと対応プロセスを合わせて伝達することを含む。

③ リスクへの対応

　認識され，伝達されたリスクに対し，いかなる対応をとるか。あるいは対応をとらない決定をするか，または当該事業への取り組み自体を断念することを含め決定する過程をいう。総合的判断により決定はなされるが，「許容しうるリスクか」「リスク・リターン（収益とリスクの関係）はどうか」といった判断基準が用いられる。

6-6 リスク・マネジメントの目的

リスク・マネジメントの目的は，以下の３つである

① 第一に，リスクによる収益のブレを許容できる範囲内に納める。端的に言えば，例えばコマーシャルリスクでは，倒産の危機に瀕するような「致命的リスクを回避すること」である。これは，上述の３つの段階を行うことで果たすことが可能と見られる。

② リスク・リターンの整理を行い，リスクを単に回避するのみならず，「とるべきリスクはとって，収益の向上を目指す」ことである。

③ 認識，伝達及び対応の段階を通じて，リスク・マネジメントの的確な作動状況を示すことである。

6-7 リスクへの対応の具体例

　信用リスクでいえば，担保や保証の取り付け。カントリーリスクでいえば，貿易保険付保等により，ネット・リスク・エクスポージャー（Net Risk Exposure）を削減すること。「つくるのも商内，つくらないのも商内」という言葉がある。最大許容リスクを超えてしまう状況が想定されたとき，その事業リスクはとれない。相場リスクでは，持ち高の調整，売買越限度の設定，ヘッジ等がある。なお，リスク量の把握面から見て，計量不可能なリスクにおいても対応をとることが可能なものもある。例えば，役職員の不正防止のために，内部牽制機能を果たす仕組を導入することなどである。

6-8 リスクの定量化とその限界

　例えば，海外において事業投資を行う場合には，法務リスク，カントリーリスク，市場リスク（為替リスク，金利リスク）等，さまざまなリスクがありうる。これらリスクを可能な限り具体的に数値で表すことを，リスクの定量化と定義し，その数値は「リスク量」と言われる。しかしながら，「リスク量」は，あらゆるリスクに適用できるものではない。例えば，法務リスクは，通常「定量化」できないが，重大な損失を生じうる。また，「リスク量」の計算方法自体による限界もありうる。さらに，もととなるデータや前提に誤りや主観が含まれていれば，結果としての「リスク量」にも，誤りや主観が含まれることになる。

6-9 社会的責任リスク

　企業に対する社会の期待や要請が増大し，また，環境や人権に対する社会の意識も大きく変化しつつある状況下，ステーク・ホルダーはさまざまな観点から企業をモニタリングすることができる。

　企業が問題を起こした場合，影響はその企業だけに留まらず，社会は広範囲にわたり大きな影響を受ける可能性がある。またその結果，当該企業も社会的に大きな批判を浴びるリスクがありうる。このようなリスクを，社会的責任リスクととらえることが可能である。

　グローバルで大規模な事業展開を行っている企業は，このような社会状況を考慮しなければならない。また，役職員は日々の業務遂行に当たり，社会に対する視野を広げて想像力を鍛え，企業と社会の関係に対する感度を高めることが不可欠である。社会的責任リスクの該当事例として，近年報道されたもので，ネスレ，カーギル，ガンズ，ロイヤル・ダッチ・シェル等のケースがある。

6-10 深海油田開発のリスク

　権益を保持する深海油田及び海上油田の開発における事故発生のリスクとはいかなるものだろうか。米メキシコ湾海底油田事故は，記憶に新しい。

　米メキシコ湾で，2010 年 4 月油田開発中の掘削施設の Deepwater Horizon で爆噴事故が起き，水深約 1,500m の海底から大規模な原油流出が続いた。この事故による原油の総流出量は，推計 490 万バレルに達した。これは，1999 年に日本海で発生したナホトカ号の事故での流出量が，約 7,200 キロリットルであったこと。また，海洋事故でそれまで世界最大規模とみられていた，1989 年北米のエクソン・バルディーズ号事故での原油流出量約 26 万バレル

と比べても，空前の規模の流出事故であった。

　膨大な量の原油流出によって，海洋汚染，生態系への影響などの直接的な環境被害が発生したことに加え，環境悪化による漁業・観光業への負の影響など，大きな影響が今なお懸念される。

　原油流出のリスクが止められないのではと懸念されていた当時，自然への怖れを思い起こさせる原油と人間との関係について，興味深い記事が『春秋』に掲載された。以下，想定外のリスクという言葉を思い起こししつつ，環境リスクの蓋然性ついて，「深海油田開発のリスク」を例に示す。

- 新潟県の弥彦神社は石油の神様である。境内には，日本最古とされる明治時代の石油精製装置が奉納されている。地域の採掘会社を訪ねると部屋の一角にまつられた立派な神棚にお目にかかる。発掘の成功や，作業の安全を祈るそうである。
- 近代文明を象徴する産物と思われがちだが，石油と人間の付き合いは長い。日本書紀にも「燃える水」が天智天皇に献上されたと記されている。太古の植物の恵みと考えられたからか。強烈な臭いのせいか。江戸時代には「草生水＝臭水，くそうず」とも呼ばれた。人知が及ばぬ不思議な水がある場所には，常に神の影が寄り添う。
- メキシコ湾で起きた海底原油の流出事故で，周囲の生態系にじわじわと被害が広がっている。遠い海岸の町にまで，石油の臭気が漂っているらしい。恐ろしい暗黒から逃れようと苦闘し，力尽きて打ち上げられた海亀の姿が哀れだ。海底の地中深く眠っていた草生水を，技術の力に頼って揺り起こしたのは人間である。
- 同じ「生産」という言葉を使うが，石油は工場で作り出す製品とは違う。もともと地球の秩序の中にある資源を吸い上げるだけである。だから採掘に携わる者は，大自然への感謝を忘れてはならない……。新潟沖の海上油田で働く技師から，そんな話を聞いた。メキシコ湾の惨事に，石油の神様は何を思うだろう。

〔「春秋」『日本経済新聞』2010 年 5 月 8 日付〕

キーワード解説

■ 非常危険

外国政府による事業の接収や輸入制限・為替制限・戦争等，外国貿易その他取引の当事者の責めに帰することができない不可効力的なリスクを指し，一般的な保険の概念では，ポリティカル・リスクとも言われる。

■ 製造物責任（Product Liability）

商品の瑕疵（かし）ないし欠陥により生命・身体または財産に係わる損害が生じた場合，被害者に対し当該商品の製造業者などが負う損害賠償責任をいう。わが国では，輸入の場合，製造業者や加工業者のみならず輸入業者もその責任を負う立場にある。

■ マーケット・クレーム

売買契約の成立後，市場価格の大幅変動等のため，本来であれば理由とはなりえない理由から，値直しや契約のキャンセルを要求してくるクレームをいう。

■ バレル（barrel）

もともとは樽（たる）を意味した。原油等の量を計るのに用いられる国際単位。原油の場合，1バレルは約159リットルである。

■ リスクアセスメント（リスク評価）

事業活動における危険源を特定，その危険源から生じる管理策の妥当性を考慮し，リスクが受容可能であるか否かを決定するもの。

リスクアセスメントは次のプロセスを踏む。

①リスクアセスメントの事前準備として情報を収集する。

②いかなる事故やミスがありうるか，合理的に予見可能な範囲で明確にする。

③潜在的な危険源を特定する。

④危険源から発生するリスクの大きさを見積もる。

⑤リスクの大きさが許容できる範囲内かを評価する。

⑥リスクを低減する手段を決め実施し，リスクを許容可能なレベルにまで低減させ，相対的に安全である状態にする。

⑦絶対的な安全というものはありえず，ある程度のリスクは残る。許容可能な

リスクに到達していない場合は，さらなるリスクの低減を実施する。

残余リスクが，許容可能なリスク以下になるまで繰り返すことによって，安全は達成できているとする。許容可能なリスクは，「社会における現時点での評価に基づき受け入れられるリスク」とみなすことができる。このように，許容可能なリスクになっているか，言い換えれば，許容できないリスクがない状態となっているか見極める一連の活動を，リスクアセスメントという。

■ 努力義務

法規の条文を読むとき，最後の部分ではっきりと「行わなければならない」とあるときと，そうでなく，「努めなければならない」とか，「するようにしなければならない」とあるときがある。後者の規定は努力義務と称される。そのようにしないからといって処罰されることはない。しかし，守らなくてもよいということと，処罰されないということは同じではない。最善守るように努力する必要があるが，罰則はないと解するべきである。

■ 財務分析

貸借対照表，損益計算書，キャッシュフロー計算書等の財務諸表に示された金額に基づき定量分析を行い，企業の経営状態や問題点を多角的かつ総合的に分析することが財務分析である。そして，各種経営意思決定に役立てようとするもので企業の経営分析の根幹をなすとされる。財務分析を行う際，公開情報として，入手可能な当該企業の有価証券報告書やアニュアル・レポート（Annual Report）を通常活用する。この際，負債が資産を上回る状態である債務超過企業はもちろん，一見健全に見える企業でもいわゆる黒字倒産といって，目前の資金繰りに失敗して倒産という事態に直面することがありうる。財務分析の基礎を身に付けられるよう，時間を見つけまず簿記の勉強を始めること，そして食わず嫌いにならないようにすることが大切と考える。

■ 事業計画

事業参画の是非を判断するに際しては，事業計画に添付された損益計算書，貸借対照表，キャッシュフロー計算書等財務諸表の精査を通じて，経済的・財務的な面からの評価が不可欠である。また同時に，従業員の質，技術水準等さまざま

な経営の要素の評価を行う。表面に現れた数値のみでなく，定性面を含めた総合的な判断が必要となる。

■ デュー・ディリジェンス（Due Diligence）

企業や事業の買収あるいは多額の資産購入決定の前に実施する，投資対象に関する詳細調査のことをいう。売主から提供される情報や交渉担当者の口頭説明に加え，最終的な買収に至るまでに，自らあるいは公認会計士や弁護士などの職業専門家も起用し，さまざまな角度から調査を行う。

その際，価格で調整可能な事実や瑕疵（かし）と，買収交渉自体を断念せざるをえないような致命的な事象がありうる場合がある。後者の場合で考えられることは，環境問題・労働問題・関係会社等の隠れた瑕疵（かし）等である。ただし，交渉の決裂（Deal Break）が信義則上の責任を伴うこともある。それゆえに，企業や事業の買収等の交渉に際しては，その進め方において守秘性と丁寧な対応が不可欠である。

■ カントリーリスク

所在国の政治・経済・社会情勢の変化により（取引先の履行能力とは別の理由で）損害を被るリスクをいう。これは個社の問題により発生するコマーシャルリスクと対比される。代表的なカントリーリスクは以下の通りである。

①ソブリン・リスク

相手国政府の債務及び保証に関する債務不履行リスク。

②戦争・内乱リスク（War & SRCC Risk）

戦争・内乱等に起因する債務不履行リスク。

③資産接収リスク（Confiscation Risk）

相手国政府による資産接収リスク。

④禁輸措置リスク（Embargo Risk）

相手国政府による禁輸措置に起因する債務不履行リスク。

カントリーリスク対象国（カントリーリスクのありうる国及び地域）を対象として輸出等の貿易をする際，民間企業では負いきれないリスクが想定される場合がありうる。筆者はイランでのIJPC（イラン・ジャパン石油化学プロジェクト）

を思い起こすが，このようなケースに対応するため，わが国に貿易保険制度があり，機能してきている。もともとは通商産業省（現，経済産業省）にあった貿易保険執行部門であったが，2001 年 4 月，独立行政法人日本貿易保険が設立された。そして，2017 年に施行された貿易保険法の改正により株式会社日本貿易保険（政府 100％出資）がこの機能を担っている。なお，この信用力を補完するため，政府は政府保証等の必要な措置を講ずるとされる。

■ **TCFD（Task Force on Climate-related Financial Disclosures）**
　金融安定理事会によって設立された気候関連財務情報タスクフォース。
　気候関連の「リスク」と「機会」が，財務に及ぼす影響とその対応戦略を企業に開示するよう提言している。

第7章

マネジメントシステム
とは

　マネジメントシステムとは何か。また，審査登録におけるマネジ
メントシステム「認証」とはどのようなものであるか。さまざまな
「規格」について説明することで，企業の事業活動におけるマネジ
メントシステム活用の実際について基本的に理解する。

7-1　マネジメントシステムとは何か

　「マネジメントシステム」とは，一般的に，企業の経営を管理する制度や方
式といった表現で定義されている。もう少しかみくだいてみると，経営者が立
てた方針や目標を，どのようなやり方で達成するのか，だれがどのような役割
分担で活動を行うのか，目標が達成できそうにない場合はどのようにしてそれ
をばんかいするのか，といった経営目標を達成するための活動の仕組みやルー
ルといえる。

　そして，このような仕組みやルールは，その確実さ，緻密さ，厳格さ，定着
度等に程度の差はあれ，どの企業にもその企業独自のものが存在する。

　また，第三者認証を前提とするマネジメントシステムの場合でも，独立の機
能と管理体制が整っていれば，あらゆる種類や規模の組織に導入することが可
能である。この第三者認証の審査登録対象とされるマネジメントシステムの中
で，日本企業に最も多く導入されているのが，環境マネジメントシステム

（ISO14001）及び品質マネジメントシステム（ISO9001）である。

　国際標準化機構（ISO）については，ネジなどの身近なものが国際標準となっていることからよく耳にしたことがあると思う。また，印刷用紙の大きさを表す「A4」「B4」といった表現なども，世界中で国際標準としてほぼ共通に用いられている。このような便利さの背景には，ISOの国際的な標準規格の存在がある。スイスのジュネーブに本部を置く国際標準化機構（ISO）は，国連の諮問機関として位置付けられ，日本の場合，日本産業規格（JIS）の審議を行う日本産業標準調査会（JISC）が加盟している。

マネジメントシステムと企業活動

　ここで，環境リスクに対する環境マネジメントシステム（ISO14001）を念頭に置き，マネジメントシステムと企業活動について概括する。

① 事業目的を定義する

　マネジメントで最重要なのは経営トップの役割である。経営者は，「事業目的を定義」しなければならない。言い換えれば，「どのような顧客に，どのような製品やサービスを提供するのか。それを選択した理由は何であろうか。競合先に比べてどのような優位な点があるのか。その市場から得られる収益は満足すべきものであるか」。このような問いに対する答えとなるものでなければならない。これが，最も重要な仕事であるマネジメントの出発点である。しかも事業目的は，日々世の中の変化とともに陳腐化しうるので，絶えず世の中の変化，特に人々の価値観の変化に注意を払い，定期的に事業目的の定義を見直すことは必要である。

② 経営方針を立てる

　事業目的を定義したらそれを達成するための取り組み方針，すなわち経営方針を立てる。これも経営者の仕事である。限られた人材，資金などの経営資源をどのように配分し運用するのかを決める。経営方針には以下の経営目標が必要である。

1）マーケティングの目標：シェアや売上目標はどのレベルで設定するか。

2）イノベーションの目標：マーケティング目標を達成するためには，どのような新たな取り組みが必要か。より利便性の高い製品やサービスを，より競争力のある条件でよりよく提供できるためには何をすべきか。

3）経営資源の目標：どのような人材，技術，設備が必要か。そのための資金量はどのレベルか。

4）生産性の目標：生産性指標，すなわち一人当たりの収益，原料単位当たりの生産量，使用資金当たりの収益は，競合先に比べ劣っていないか。

5）リスク管理の目標：事業活動においてどのようなリスクが想定され，それをどこまで管理するのか。

（No Risk, No Return，この言葉を忘れるわけにはいかない）

6）収益目標：事業活動に関わるコストをすべてカバーするために，収益はいくらなければならないか。

③　組織体制を構築する

　経営者は，これらの経営方針（全社目標）を達成するために，組織体制をつくる。組織体制には，営業，製造，財務・経理，人事・総務などがある。これらは，職能によって組織が分けられている。このように分けられた職能別の組織では対応できない目標，すなわち組織横断的に取り組まなければならない目標に対しては，プロジェクトチームをつくり対応する場合がある。経営者は，これらの各部署の長に対して，必要な権限を与える。

　各部署の長は，割り当てられた各自の業務が果たすべき責任において，経営方針に則した業務目標を設定し，目標達成に向けて活動を行う。経営方針は，枠組を示せる具体的なものでなければならない。すなわち，設定した目標が経営者の意図に合致していることが，客観的に判断できる基準を示すものでなければならない。経営方針は，組織の全員に目指す方向を示すことが重要である。

　生産部門においては，さまざまな環境・安全リスクが想定されるので，環境目標は重要な位置を占めている。

7-2 マネジメントシステムの標準化と規格化の要請

マネジメントシステムと標準化

　ある企業を，その活動の目的を達成できるようにうまく運営するためには，体系的で透明性のある方法によって，指揮及び管理することが必要である。多くの場合，企業の目的にふさわしいマネジメントシステムがあり，指揮及び管理する対象，企業の規模や構造などに応じて，さまざまな形態のマネジメントシステムが，構築，運用されている。企業が提供する製品・サービスには，顧客からそのもの本来のニーズや期待を実現することが求められている。これらを満たせるかどうかは，直接的には技術的能力に依存するが，この技術はその製品・サービスに属するため，製品・サービスそのものを事業横断的に標準化することは，困難である。

　しかし，技術的要素（設備機器，要員，固有の技術など）を整備する実務マネジメントの要件と，その実務マネジメントを俯瞰（ふかん）する経営者の姿勢は事業横断的なものとして標準化が可能である。標準化とは，言い換えれば，規格化できるということである。環境マネジメントシステム（ISO14001），労働安全衛生マネジメントシステム（OHSAS18001）や品質マネジメントシステム（ISO9001）は，その標準化の代表例とされている。

規格化の要請

　過去，日本においてマネジメントシステムは急速に普及してきた。その理由の一つは，企業が技術的要素を持続できる安心感を顧客に与えることの意義が，広く認識されるようになったためといえる。

　昨今，顧客あるいは行政からは，例えば，環境管理，製品・サービスの品質，安全管理，情報の漏洩防止などに対する適切な管理が求められている。さらには，企業活動自体でも，法令遵守などの側面で適切な管理が行われていること

の説明が求められる。このような背景のもと，経営管理の有力な方法の一つとしてマネジメントシステムが導入されている。

7-3 マネジメントシステムの要求事項

　経営目標を達成するための仕組みやルール，すなわちマネジメントシステムは，企業独自で決めて実施するものである。それゆえ，本来であれば，どのような内容のものでもよいのである。しかし，環境マネジメントシステム規格（ISO14001）等は，このマネジメントシステムに対して，「このようなやり方」とさまざまな条件を出している。これがいわゆる ISO の用語で規格「要求事項」と言われる。

　代表的な「要求事項」として，「マネジメントシステムの運用において，PDCA のサイクルを回して継続的改善を図る」というものがある。これは，さまざまなマネジメントシステムの規格〔環境マネジメントシステム（ISO14001）/品質マネジメントシステム（ISO9001）/労働安全衛生マネジメントシステム（OHSAS18001）等〕で共通しているものである。

　企業（組織体）の内部に，同時に複数のマネジメントシステムが並存すると，システムの構築及び維持にかかる負担が増大し，業務自体や管理が複雑化するおそれがありうる。マネジメントシステムを一本化することで，効率的に経済性と一貫性を保つことが可能となる。

PDCA のサイクル

　PDCA のサイクルについて，以下，できる限りわかりやすく説明する（150ページ**図表 14** 参照）。

P は**計画**（Plan）：まず，経営者は企業経営のために経営方針や経営目標を立てる。そして，この経営目標を達成するための計画を立案し，会社運営を円

滑に進めるためにさまざまな手順やルールを決定する。業務計画書や業務マニュアルといった文書は，このPの段階での成果物となる。

Dは実施（Do）：Pで立てた計画や手順・ルールに従って確実に実施する。定められた手順・ルールからの逸脱は認められない。

Cは監視，測定，分析及び評価（Check）：定められた手順通りに実施した結果，そもそものねらい通りの結果が出ているかどうかをチェックし，モニタリングする。手順通りにやったにもかかわらず，業務上問題が発生してしまった場合には，その原因を分析する。

Aは改善（Act）：Cの分析・モニタリングの結果から，仕事のやり方を改善したり，計画書の内容を見直したりする。そしてその結果，翌年度新たに活動はPに戻り，計画書や手順書が改定され，このプロセスが継続することになる。

マネジメントシステム認証とは

こうしたPDCAの各プロセスの活動を繰り返し行うことで，各企業の目標を達成する組織能力を継続的に改善していく。これを，マネジメントシステム認証規格では定めている。

そして，さまざまなマネジメントシステム認証を受けようとすれば，企業はISO規格等で，マネジメントごとに定めた「このようなやり方」に加えて，このPDCAサイクルの仕組みを生かしていることを第三者による審査で証明し評価を受ける。これが，マネジメントシステム認証を受けるということである。

社会的な関心や取引先からの要請を考慮して，積極的な取り組み姿勢を外部に示すため，電子電気業界等の製造業のみならず，総合商社などの多くの企業が，環境マネジメントシステム（ISO14001）の第三者認証を取得している。

7-4 マネジメントシステムの規格の共通点

環境マネジメントシステム（ISO14001），労働安全衛生マネジメントシステム（OHSAS18001）及び品質マネジメントシステム（ISO9001）ほか，マネジメントシステムの規格としての主な共通点は，次の4点である。

- ・企業のマネジメントシステムの規格であり，業種や規模に関係せず適用できる。
- ・結果がどのようなものであるかを見るためのみの規格ではない。
- ・より良くしていくという継続的改善が求められている。
- ・客観的立場を保ちうる第三者認証に使用できる。

マネジメントシステムの規格には，これらよく目にする以外にも，さまざまな種類の規格が存在する。

しかし，いずれのマネジメントシステムの規格も，「PDCA のサイクルを回し継続的改善を図る」という主旨の運用に基づく「このようなやり方」が含まれている。そして，それが，きちんと効果的に運用されていること，すなわち，継続的改善につながっていることを確認できる，ツールとしての役割を果たしている。

なお，社会的責任ガイダンス規格（ISO26000：2010）は，第三者認証にはそぐわないとされている。それは，「社会的責任」自体がさまざまなテーマを含むものであることから，あくまでも「ガイドライン」という性格のものと位置付けられている。それゆえ，認証規格である環境マネジメントシステム（ISO14001）や品質マネジメントシステム（ISO9001）とは異なり，ガイダンス規格であることから認証はされず，使い勝手と実際の運用における位置付けが異なる。

以下において，環境マネジメントシステム（ISO14001），労働安全衛生マ

ネジメントシステム（OHSAS18001），品質マネジメントシステム（ISO9001）
それぞれの規格について特徴を説明する。マネジメントシステム自体の説明は，
重複や繰り返しを避けるために，次の環境マネジメントシステム（ISO14001）
の項で詳しく見ていく。

環境マネジメントシステム（ISO14001）

　事業体の活動，製品・サービスが，直接または間接的に環境に与える影響を
低減し，環境へのマイナスの影響をひき起こす事故の発生を予防するため，継
続的にマネジメントシステムを改善していくことを求めた規格である。

　環境マネジメント（ISO14001）は，国際標準化機構（ISO）によって制定
され，直近では2015年に改訂された，企業の「環境マネジメントシステム
（EMS）」に関する国際規格である。環境保全，また，汚染の予防，そしてよ
りよい経済社会の実現へ向けて，事業を営む個々の企業の参画を促す方策とし
て普及してきた。

　環境マネジメントシステムは，あらゆる規模・種類の企業に適用可能である。
早くから公害防止対策に取り組んできた製造業をはじめとして，現在では商社，
情報技術，ホテル・レストラン，建設業，教育機関，医療，社会福祉，公共団
体など，広範囲な分野へ普及している。企業の活動，製品及びサービスが環境
に及ぼす影響を管理することによって，健全な環境パフォーマンスの達成を実
証することができる。

　環境マネジメントシステムは，P（Plan）D（Do）C（Check）A（Act）の
マネジメントサイクルが運用の基礎にある。効果的な環境マネジメントシステ
ムの意義の一つは，総合商社であればウェブ・サイトに掲載されているその企
業の経営者が表明する「環境方針」に沿って，その環境上及び経営上の目標達
成を支援することである。そして，環境マネジメントシステム（ISO14001）
の要求事項「このようなやり方」に適合したマネジメントシステムを実施する

図表14　環境マネジメントシステムによる環境管理

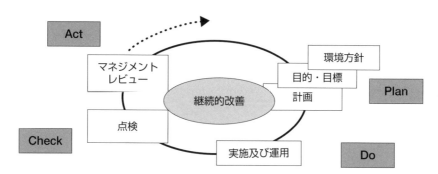

ことは，企業の環境パフォーマンスが法令上及び環境方針上，現時点かつ将来も要求事項を満たし継続的に改善することを，当該企業のステーク・ホルダーへ明確化することになる。

　環境マネジメントシステム（ISO14001）は，「PDCAマネジメントサイクル」を基礎としている（**図表14**参照）。

　計画（Plan）を立て，計画に沿って実行し（Do），実行状況をチェックして（Check），チェックした結果を基礎に経営者がシステムの見直しを行うことで必要な改善のための処置をとる（Act）。そうしていくことで，継続的改善を進めていく。

　環境省の「環境にやさしい企業調査」によれば，上場企業のうち約80％がすでに環境マネジメントシステム（ISO14001）認証を取得している。さらに，日本適合性認定協会ウェブ・サイトの適合組織（企業）統計データによれば，環境マネジメントシステム（ISO14001）認証を受けている日本の事業所は，2018年11月時点では25,705を数える。

環境審査

　環境側面から環境管理を評価し，改善につなげる施策の一つと位置付けられるもので，環境監査（環境審査）がある。環境方針に基づく現場での実践状況

や環境マネジメントシステム（ISO14001）等を定期的に，また組織的・客観的に評価する。内部環境監査，外部認証機関による外部監査などがある。

　環境マネジメントシステム（ISO14001）の用語では，内部監査は第一者監査に相当し，この場合，その組織内の役職員によって行われ，その組織の適合を自ら評価する。外部監査は，これに対し，第二者監査，または第三者監査と言われる。第二者監査は，顧客など，その組織と利害関係のある外部組織またはその代理人によって行われる。第三者監査は，外部の独立した組織によって行われる。このような組織は，環境マネジメントシステム（ISO14001）の「このようなやり方」に対する適合性の認証の評価または審査登録を行う。

品質マネジメントシステム（ISO9001）

　顧客満足の向上を目指し，顧客の必要とする製品・サービスを提供するため，継続的にマネジメントシステムを改善し続けることを求めた規格である。

　「品質」とは，マネジメントシステム規格においてどのような意味で使われているのだろうか。「品質」すなわち，よりよくする程度のことと言い換えれば，理解の助けになると考える。

労働安全衛生マネジメントシステム（OHSAS 18001）・（ISO45001）

　労働者の健康と安全を図り，企業における労働安全衛生災害リスクの低減と事故発生リスクを回避するための規格である。継続的に労働安全衛生活動を推進することにより，労働災害の防止とともに，労働者の健康の増進及び快適な職場環境の形成の促進を図り，もって組織における安全衛生の水準の向上に資することを目的とする。

　労働安全衛生マネジメント（OHSAS18001）・（ISO45001）は，環境マネジメントシステム（ISO14001）と規格の類似性は高く，合わせて同時に取り組んでいる企業も多い。

第8章

内部監査概論

健全な内部統制の構築と運用を評価し，改善につなげるために，大規模な企業では内部監査の機能は欠かすことはできない。業務監査を主体とする内部監査について概括的に理解する。

8-1 内部監査とは

大丈夫と思っている企業が本当に大丈夫か。ガバナンス及び内部統制の観点から健全な経営を行っているのだろうか。人間でいうと，年に一度の人間ドックでの健康診断のようなもの。これがわかりやすくとらえたときの内部監査である。

米国内部監査協会（Institute of Internal Auditors, IIA）による内部監査の定義

内部監査は，組織体の運営に関し価値を付加し，また改善するために行われる，独立にして，客観的なアシュアランス及びコンサルティング活動である。内部監査は，組織体の目標の達成に役立つことにある。このためにリスク・マネジメント，コントロール及びガバナンスの各プロセスの有効性の評価，改善を，内部監査の専門職として規律ある姿勢で体系的な手法をもって行う。

〔「内部監査の専門職的実施の国際基準」International Standards for the Professional Practice of Internal Auditing　2017 年 1 月，米国内部監査人協会〕

8-2 内部監査の歴史と方向性

　第4章「コーポレート・ガバナンスと内部統制」において，内部統制のフレームワークを構築する側面からCOSOについて詳述した。本章では加えて，内部監査を実施する際のCOSOレポートの位置付けを理解する。内部統制と内部監査は，この面から見たとき，いわば表裏一体とみなすことができる。

内部監査の位置付け

　内部監査は，法律によって，こうしなければならないと決められたものではない。いわば，企業ごと独自に設けられるものであり，その起源は必ずしも明らかではない。しかし，いずれにしろ，初期のころの内部監査は，その目的を財産の保全機能に置き，会計記録やその裏付けとなる取引事実に誤謬あるいは虚偽表示や不正がないかという，摘発に主眼を置いたものであった。

　しかし，その後，時の経過とともに企業規模の拡大発展，業務の複雑化に伴い，企業内部における管理体制の整備・充実が図られ，これら誤謬あるいは虚偽表示や不正の防止・発見を目的とする検証手段が日常業務の中に織り込まれた。そして，管理体制として組織化されるに及び，内部監査は，これら管理体制自体が有効に機能しているかどうかを，すなわち，管理体制自体に問題はないか，そして，それが目的に合致し有効に運用されているかどうかを中心として監査する，いわゆる「業務監査」へ移行してきた。

　言い換えれば，企業規模の拡大，業務の複雑化に伴い，過去のいわば捜査的とも言われた不正摘発的検査では，膨大な経費，マンパワーを必要とする反面，効果が上がらないことが明らかである。そのため，日常業務の流れにおける管理体制を強化し，その管理体制の有効性，効率性及び遵法性を検証することにより，事故発生を未然に防ぐことを目指してきた。「これはしっかりした管理体制があり，みんながそれを守っていれば事故は起こらない，少なくともミニマイズされるはず」という性善説に立った見方に基づき，予防的な監査へと移

行してきた。ただし，こういう内部監査の動向は，事故防止を目的とする会計監査的なものを内包しつつ，外延が発展・展開してきていると考えるべきである。

内部監査の方向性

そして，この「内部監査」の範囲は，さらに管理手法の一つである予算制度・中長期経営計画の検証という面から，被監査対象の経営方針にまで及ぶという幅広い現代内部監査論へと発展してきている。さらに，米国内部監査協会（IIA）の定義に見られるごとく，「リスク・マネジメント，コントロール及びガバナンスの各プロセスにおける有効性の評価，改善」を，規律ある姿勢で体系的な手法をもって行うという「経営監査」的視点まで発展してきている。

8-3 不正のトライアングル

不正はなぜ起こるか

不正のトライアングルという言葉を耳にしたことがあるだろうか。これは，不正行為が発生する原因を分析すると，機会，動機及び誠実性の欠如（正当化）という3つからなる要因がすべてそろったとき，はじめて不正行為がなされうる（次ページ**図表15**），との米犯罪学からの考え方である。このうち，どれか一つでもなくすことができれば不正行為の発生を防ぐことができる。

「機会」は，内部での管理が不十分であるため，気付かれずに不正を犯すことが可能な状態にあることを指す。これは，コントロールが不備である状態に起因する。

「動機」は，不正を働こうとする動機が存在することで，一人一人の心のあり様と，おそらくはその個人の経済状況にも依拠する。

そして3番目の「誠実性の欠如（正当化）」は，遵法精神が欠如していること，ないしは，不正を働かない堅い意志をもつことができない環境にあること，また，自身の行為を正当化することができてしまうこと等，一人一人の倫理観

図表15　不正のトライアングル

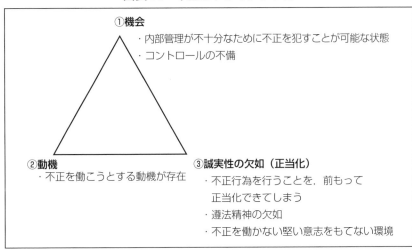

①機会
・内部管理が不十分なために不正を犯すことが可能な状態
・コントロールの不備

②動機
・不正を働こうとする動機が存在

③誠実性の欠如（正当化）
・不正行為を行うことを，前もって正当化できてしまう
・遵法精神の欠如
・不正を働かない堅い意志をもてない環境

に起因する問題がある状態のことである。

　ひるがえって考えると，かつて，わが国の企業風土においては横領等不正行為が起きてしまうことは決して多くはなかったと思う。不正行為を行う役職員がそもそも根っからの悪人であるはずはない。例外なく，ほとんどの役職員は，当該企業に入社したときには，その企業のために真剣に働き貢献していくことで，充実した会社生活を送りたいと思っていたはずである。問題が起きた真の理由は，何か。企業側から見たとき，不正行為が発生しないような仕組みが合理的に整えられていなかったためではないだろうか。もちろんそれは，不正行為が発生しえないように体制を整備することである。そのためには仕組みとしてヒューマン・エラーを避けられることである。

　では，どのようにすれば「不正」の発生を極小化することができるだろうか。マネジメントシステムの観点からは，職務の分離などのコントロールを適宜導入し，3つのうちの一つである「機会」を断ち切る。そうすることで，不正の発生を最大限阻止することが可能となる。「機会」以外の2つは，マネジメントシステムでの対応ではそぐわないことは明らかである。

内部監査業務とそのチェック

　前掲，米国内部監査協会の「内部監査の定義」を再度参照してみる。企業の内部統制システムがしっかり導入され有効に機能できているか，説明責任（アカウンタビリティ）を課し解除するプロセスを繰り返すことで，独立した内部監査人が客観的に評価し合理的保証に至ることが，あるべき内部監査の本来である。内部監査業務については，内部監査の専門職的実施の国際基準（International Standards for the Professional Practice of Internal Auditing　2017年1月　米国内部監査協会）を同ウェブ・サイトから参照し，一度読み込んでみることを勧めたい。

　内部監査に当たり，項目チェックではなくリスクベースの判断が不可欠ではあるが，具体的にどのようなポイントに留意するか，次の例を参考にして考えを深める。

内部監査のチェックポイント例

① 経営計画や経営実施のための手続きは合目的的か，また合法的か。

② 会計情報や業務情報を識別，測定，分類，報告する手段は適切か。

③ 会計及び業務記録ならびに報告者は正確であり，かつ適時の有用な情報を含んでいるか。

④ 記録の保存と報告書の管理は妥当かつ有効か。

⑤ 経営資源の経済的かつ効果的な利用を管理するために業務基準が設定され，かつ遵守されているか。

⑥ 業務基準に照らして異常が認められる場合，適切な是正措置がとられているか。

⑦ 遊休資産や非生産的な業務はないか。

⑧ 業務目標が経営組織体の目標に一致し，かつ満足すべき成果を挙げているか。

〔『内部監査の実務 Q&A』海老塚利明監修，同文館出版より〕

■事例：D銀行事件

1. 大阪地裁判決（2000/9/20）

   ・当時の取締役及び監査役11名に対して，総額7億7500万ドル（約830億円）の一審での賠償命令

   ・判決骨子

   ① 取締役は，取締役会の構成員として，また，代表取締役または業務担当取締役として，リスク管理体制を構築すべき義務を負う。

   ② 取締役は，代表取締役及び業務担当取締役がリスク管理体制を構築すべき義務を履行しているか否かを監視する義務を負う。

   ③ 監査役は，業務監査の職責を担っていることから，取締役がリスク管理体制を構築しているか否かを監査すべき義務を負う。

2. 大阪高裁で，和解（2001年12月）

   被告全員で2億5千万円同行に支払うことで和解が成立，終結。

■事例：E社総会屋事件

神戸地裁和解成立に当たっての所見（2002/4/5）

   ・「企業トップの地位にありながら，内部統制システムの構築を行わないで放置してきた代表取締役が，社内においてなされた違法行為について，これを知らなかったという弁明をするだけでその責任をまぬかれることができるとするのは相当ではない」

   このように，歴代2経営首脳に対する「監視義務違反」の可能性を示唆

   ・「違法行為を防止する実効性のある内部統制システムの構築及びそれを通じての社内監視等を十分尽くしていなかったとして，関与取締役や関与従業員に対する監視義務違反が認められる可能性もある」

   ・「E社のような大企業の場合，職務分担が進み，他の取締役や従業員全員の動静を正確に把握することは事実上不可能で，取締役は，利益供与のような違法行為や企業会計原則をないがしろにする裏金操作が行われないよう内部統制システムを構築すべき法律上の責任がある」

8-4 経営者の報告責任

　経営者は内部統制システムの構築に対して責任を負っているだけでなく，事業体の目的達成に関して合理的な保証を提供するシステムを確立することについて，取締役会に対し報告する責任を負っている。

〔『内部統制の統合的枠組み　理論篇』八田進二ほか訳，白桃書房〕

　経営者は，企業のすべての活動について業務を遂行する権限を有するとともに，取締役会による基本方針の決定を受けて，企業の内部統制を整備及び運用する役割と責任を負っている。

　これに対し，取締役会は内部統制の整備及び運用に係る基本方針を決定する。また，取締役会は取締役の職務の執行を監督する責任を負う。こうした機能を果たすため，取締役会は，経営者が内部統制を取締役会の決定に従って適切に整備し，運用していることを監視する責務を負っているものと考えられる。

　経営者は，内部統制の整備及び運用のモニタリングのために内部監査を実施せしめ，その結果を受けて独立的評価を遂行する。

　経営者は，会社の代表者として有価証券報告書と併せて内部統制報告書を所管官庁に提出し，開示書類の信頼性に係る最終的な責任を有している。

　金融商品取引法における内部統制報告制度において，経営者は，最高経営者（代表取締役社長）または最高財務責任者（CFO）名で内部統制報告書に，会社を代表して役職氏名を記載して提出する（総合商社の場合，代表取締役社長（CEO）/CFO連名での提出が通常である）。

注記：本邦会社法上，大会社かつ公開会社の機関設計は，監査役会設置会社，監査等委員会設置会社，指名委員会等設置会社，等あり得るが，総合商社各社は監査役会設置会社形態を選択している（2021年7月現在）ことから，監査役会設置会社を前提において本論を進める。

8-5 三様監査とは

　本章でこれまで，内部監査について詳しく見てきた。ここで「監査とは」と，三様監査に関し整理することで，基本的理解を深めてみる。

　監査（Audit）とは，ある対象に関し，遵守すべき法令や社内諸規定などの基準に照らして，業務や成果物が，それらにかなっているかどうか証拠を収集し，その証拠に基づいて評価することを指す。

　監査人の種類による分類として，外部監査，内部監査，監査役監査などがある。監査する対象による分類としては，業務監査，環境監査，会計監査，情報システム監査などがある。

日本における監査制度の概要と三様監査

　監査には，事業体の内部で実施される内部監査と，事業体から独立した外部の専門家によって実施される外部監査がある。

　このうち公認会計士監査は，外部監査と位置付けられ，独立した第三者として企業等の財務情報について監査を行い，財務情報の適正性を利害関係者に対して保証する役割を果たす。公認会計士監査は，会社法，金融商品取引法をはじめ，法令によって企業等に義務付けられ，会計情報の信頼性確保に役立てられている。

　一方，内部ないしグループ内部で実施される主なものとして，会社法において，公開会社である大会社では，取締役の職務執行を監査する監査役（及び監査役会）の設置を義務付けている。監査役は，株主から選任され株主に代わり取締役を監督する。そしてその結果，経営が健全に行われているかをチェックする。監査役には，このために業務監査と会計監査の権限が与えられている。業務監査権とは，取締役の職務執行を監督する権限のことをいい，会計監査権とは，会計帳簿や決算書類をチェックできる権限のことをいう。

また大規模な会社では義務ではないが，経営者の内部統制の有効性と妥当性を監査する内部監査人を置き，多くの場合内部監査を実施している。

　公認会計士監査と監査役監査加えて内部監査を合わせ，三様監査と言われる。三様監査それぞれの主な相違点について，次の通り整理してみる。

図表16　三様監査の相違点

	内部監査	公認会計士監査	監査役監査
監査目的	・業務の有効性と効率性 ・報告の信頼性 ・法令・ルールの遵守 ・資産の保全	・財務諸表の適正性 ・内部統制の整備	・業務監査 （取締役の職務の執行を監査） ・会計監査 ・法令定款の遵守 ・著しい不当性の有無
監査対象	全業務プロセス，全役職員	会社全体	取締役，会社全体
監査の焦点	リスク，コントロール及びガバナンスのプロセスの妥当性を評価	財務諸表が適正に作成されているか	・取締役が法令・定款に抵触せず，忠実義務・善管注意義務を果たしているか ・調査権・子会社調査権

キーワード解説

■会計監査

　企業の財政状態や経営成績を財務諸表が適正に表しているかについて意見を表明するために行われる。金融商品取引法や会社法などの法律で監査を受けることを義務付けられている企業に対し公認会計士または監査法人が行う監査を法定監査という。

■会計監査人

　株式会社の機関の一つ。会社の作成する計算書類等の会計監査を行い，会計監

査報告を作成することを主な任務とする。会計監査人は公認会計士または監査法人であることが必要とされており，会社法上の大会社では会計監査人の設置が義務付けられている。

■ 業務監査

　会計監査とは別に，会計以外の企業の諸活動（すべての事業活動をいう）の業務内容や組織・制度に対する監査を業務監査といい，取締役の行う業務執行が法令，定款に違反していないかどうか等を監査役が監査する。

■ 大会社

　法律用語で，最終事業年度に係る貸借対象表に資本として計上した額が5億円以上，または負債の部に計上した額の合計が200億円以上の株式会社を会社法において指す。会社法で定義されている「大会社」との混同を避けるため，総合商社等を指すとき，本書では，「大規模な会社」という言い方を使っている。

■ 公開会社

　すべての種類の株式に譲渡制限を付けている株式会社のことを「公開会社でない株式会社」という。「公開会社」とは，全株式譲渡制限会社以外の株式会社を指す。会社法第2条5項「公開会社」参照。なお，上場会社または上場企業という言い方があるが，こちらは法律用語ではなく，一般的に言って証券取引所で株式を売買することができる会社を指し，それゆえ，公開会社とはまったく異なる概念である。

■ エンロン・ワールドコム事件

　2001年10月に発覚し，全米をゆるがせた米国エネルギー大手のエンロン社の不正会計事件と，2002年7月，全米第2位の長距離通信会社であったワールドコム社が不正会計処理に端を発して巨額の負債を残し倒産した事件を指す。これらの事件を発端に米有力企業による不正な会計処理が相次いで表面化。これらを受けて，米国では2002年7月にサーベンス・オックスレー法（米国企業改革法）が成立した。同法では，決算書で虚偽の報告をした場合の経営者に対する罰則規定の強化に加え，会計監査を担当する会計事務所への規制も強化された。

第9章

人権と労働慣行

人権と労働慣行について，企業の社会的責任の観点からどのよう
に位置付けられているか概要を把握する。また，NGO/NPO活動
ベースについて基本的理解を深める。

9-1 人権と労働慣行

　人権及び労働慣行は，企業の社会的責任論において重要なテーマであるとし
て取り上げられている。社会的責任ガイダンス規格（ISO26000）においても，
「人権」は社会的責任の７つの原則や７つの中核主題の一つとして，また，「労
働慣行」は７つの中核主題の一つに位置付けられている。中核主題「人権」
では取り組むべき８つの課題，そして，「労働慣行」では５つの課題が示され
ている（第２章 2-2 **図表２** 参照）。

　一方，今日の日本社会全般においては，人権と労働慣行については，超過勤
務労働問題を除けばそれほど大きくは取り上げられていない，と個人的見解で
あるが筆者は考える。

9-2 人権に関する方針，体制，取り組み等

　経済面のみならず，人権配慮などの社会面や環境面について，総合的に高めていく必要があるとするトリプルボトムラインの考え方については，第2章2-3「社会的責任」において，また，国連グローバルコンパクト10原則については，第2章2-7において見てきた。

人権とは

　人権は一人一人が幸福に生きるための権利で，人種・民族，性別を超えてすべての人々に共通に備わった権利とされる。1948年国連総会において採択された「世界人権宣言」（外務省ウェブ・サイト，「人権・人道」）をあらためて精読してみることで人権とは何か，確認できる。

　わが国においては，企業内における差別の撤廃を中心とする人権啓発の取り組みが，比較的早い時期から進められてきている。しかしながら，内閣府「人権擁護に関する世論調査」（2017年10月）によれば，少子高齢化社会に向けて人権侵害が「多くなってきた」と答えた割合は29.4%，「あまり変わらない」50.8%，「少なくなってきた」と答えた割合が14.2%となっている。そして，人権問題の課題は，社会的弱者とされる「障害者」「インターネットによる人権侵害」「高齢者」「子ども」「女性」の順となっている。また近年，企業の人権問題として障害者雇用，ハラスメント，過労死なども報道されている。

障害者雇用について

　わが国における障害者雇用の実情について見てみると，次の通りである。

　改正障害者雇用促進法（2018年4月施行）により，一定規模以上の事業主（従業員45.5人以上）は，障害者を一定割合以上雇用すべき法律上の義務を負う。一般の民間企業で2.2%，国・地方公共団体は2.5%，都道府県の教育委員会2.4%。厚生労働省による「2017年障害者雇用の集計結果」によると，法定雇用率達成企業の割合（改正前の旧基準率）は，49.5%であった。

総合商社等・卸売業における雇用率

業種別にみたときの障害者雇用率では，総合商社等の卸売業の集計で 1.62％。

総合商社では，三井物産 2.53％，丸紅 2.45％が，「障害者雇用率ランキング」トップ 100 の内で報告されている。

[東洋経済　CSR 企業総覧　雇用人材活用編 2017，より]

人権尊重とグローバル規模における企業活動

なお，改正障害者雇用促進法が 2018 年 4 月施行され，法定雇用率の算定基礎に障害者雇用義務の対象として，「精神障害者」が加わった。

世界中の国や地域でグローバルに事業を展開している今日，国際基準に則った人権への配慮は，企業活動における「社会的責任」の重要な一角を占める。

OECD 多国籍企業行動指針

OECD 多国籍企業行動指針が 2011 年に改訂された。金融・経済危機，地球温暖化問題の顕在化など国際ビジネスをめぐるグローバルな環境が大きく変化した背景がある。「人権」に関する章が新たに設けられ，企業には人権を尊重する責任があるとし適切に人権デューデリジェンスを実施することが明記された。

人権への対応，経団連「企業行動憲章」ほか

企業活動の影響がグローバル規模に広がっている状況を踏まえ，日本経団連及び総合商社の「人権」への対応を見てみる。

日本経団連「企業行動憲章」10 原則より

すべての人々の人権を尊重する経営を行う。

従業員の能力を高め，多様性，人格，個性を尊重する働き方を実現する。

また，健康と安全に配慮した働きやすい職場環境を整備する。

〔経団連「企業行動憲章」2017 年 11 月より〕

三菱商事，人権・先住民の権利の尊重

人権への配慮が CSR の重要な要素と考え，企業行動指針において人権の尊重をうたうとともに，役職員行動規範には，「人権の尊重」「人種・民族・信条・宗教

> その他事由による差別の禁止」「各国・地域の文化・慣習・言語の尊重」などを明記しています。また，世界人権宣言やILOの中核的国際労働基準，安全と人権に関する自主的原則など，人権に関する主要な国際行動規範を支持しています。
>
> 　さらに，人権尊重へのコミットメントの一環として，先住民の権利に関する方針を策定しました。先住民が存在する地域での事業においては，事業を行う国・地域の法律や国際的な取り決め（ILO第169号条約，先住民族の権利に関する国際連合宣言など）に定められた先住民の権利への配慮を行います。
>
> 〔三菱商事，ANNUAL REPORT 2013〕

9-3 労働慣行

　労働慣行（Labour Practices）は，社会的責任ガイダンス規格（ISO26000）における中核主題7つのうち一つと，位置付けられる。これは，働き方の部分であり，繰り返し行われて事実上の制度となっていることをいう。われわれの社会では，国連機関である国際労働機関（ILO）の「労働は商品ではない」という原則のもとで，国際労働基準が確立している。

　わが国の現状に目を向けてみよう。いわゆる日本的雇用慣行として，年功序列賃金，勤続年数が長い「長期雇用」，OJT（オン・ザ・ジョブ・トレーニング）等の企業内での訓練，昇進に差が付く時期をできるだけ遅くすること，等が挙げられる。一方，それぞれにさまざまな課題はあり，今日，大きな変化が進行しているとの見方もありうる。

　グローバル・グループにおける商社活動を前提に，ワーク・ライフ・バランス，ダイバーシティ，女性の活躍，SDGsなどの考え方を整理してみよう。

ワーク・ライフ・バランス

　ワーク・ライフ・バランス憲章が2007年末制定された。

　ワーク・ライフ・バランス，すなわち仕事と生活の調和が実現した社会とは，

「国民一人一人がやりがいや充実感をもちながら働き，仕事上の責任を果たすとともに，家庭や地域生活などにおいても，人生の各段階に応じて多様な生き方が選択・実現できる社会」と定義される（ワーク・ライフ・バランス憲章）。

　一般論ではあるが，欧州ではおおむね次の通りと言われることがよくある。

「残業は基本的に行わない」

「長期休暇，バカンスを取ることが欧州社会では前提」

「夏休みは 3 週間休み，年休は完全消化」

「オーバーワークで過労死ということは考えられないのでは」

ダイバーシティ・女性の活躍

　1986 年，男女雇用機会均等法が施行。そして，2007 年 4 月，改正男女雇用機会均等法が施行された。体力，転勤経験など女性が満たしにくい条件を，採用・昇進時の合理的な理由なく要求する間接差別は，法的に禁止された。

　日本の労働力人口は，2030 年に 10 百万人以上減ると予測されている。人口の減少下での労働力人口の確保の観点からも，多様な働き方やジェンダー・ギャップ改善の方向性は必須である。

　また，ガラスの天井という言葉がある。それは，女性がいくらがんばっても，能力があっても，組織のトップにはなれないという「見えない障壁」のことである。政府成長戦略の柱の一つとして女性の活躍が挙げられ，「役員に 1 人は女性を登用」等，表明された。ビジネス・社会の価値観の多様化を目指す上で女性の活躍の機会は重要である。

国連ミレニアム開発目標（MDGs）

　広く地球社会における人権と労働慣行をとらえようとした際，やはり個人の尊厳に関わる絶対的貧困から目をそらすことはできない。

　MDGs は，国連ミレニアム開発目標（Millennium Development Goals）の略称である。2000 年 9 月，国連ミレニアムサミットに集まった 147 の国家元

首を含む 189 の加盟国が採択したミレニアム宣言と，1990 年代に開催された主要な国際会議やサミットで採択された国際開発目標を統合し，1 つの共通の枠組としてまとめた国際公約が，MDGs であった。

　MDGs は，「世界の貧困を半減する」など 8 つの具体的な数値目標を，2015 年という期限内に達成することを目指し，達成した極度の貧困状態で暮らしている人口割合の半減など，多くの目標において大きな前進が見られた。しかし，環境の持続可能性の確立や幼児死亡率の改善など，進展があったものの課題を残しつつ，SDGs（持続可能な開発目標）に継承された。

SDGs（持続可能な開発目標）

　2015 年 9 月「国連持続可能な開発サミット」が開催され，150 を超える加盟国首脳の参加のもと，その成果文章として，「我々の世界を変革する：持続可能な開発のための 2030 アジェンダ」が全会一致で採択された。アジェンダは，人間，地球及び繁栄のための行動計画として，宣言及び目標をかかげた。この目標が，ミレニアム開発目標（MDGs）の後継であり，17 の目標と 169 のターゲットからなる，「持続可能な開発目標（SDGs）」である。（076 頁参照）

　日本は，「人間の安全保障」の理念に立脚し，真に効果的な枠組が策定されるよう，関係する国際機関との連携を深めつつ，貢献していきたい，との考えを表明している。

「人間の安全保障」とは

　現下の多様な危険要因に対応するためには，政策と制度をさらに強化し包括的なものとする必要がある。国家は安全保障に引き続き一義的な責任を有するが，安全保障の課題が一層複雑化し，多様な関係主体が新たな役割を担おうとするなかで，われわれはそのパラダイムを再考する必要があろう。安全保障の焦点は国家から人々の安全保障へ，すなわち「人間の安全保障」へ拡大されなくてはならない。

　〔外務省ウェブ・サイト，人間の安全保障委員会事務局『人間の安全保障委員

取引先における労働慣行

どこの世界においても労資間相互の信頼のもと，一人一人が生き生きとやりがいをもって働けるような職場環境が維持されていること。これがあるべき姿と考える。

商社活動における労働慣行を考察する際，企業及びグループ内の状況だけではなく，取引先を含めた労働慣行の実情と，それに対しどのように影響力を発揮し，関与しているか運用情況を見ていくことは，当該企業の社会的責任（CSR）を評価しようとする際の大切な視点である。

サプライチェーンというマーケティング用語がある。これは，製品・サービスを消費者に提供する製造業者や総合商社の観点から見て，製品の設計，原料調達，製造，流通，小売販売までの全過程を指す。開発途上国において，製造事業や中間製品の調達を事業活動として行う際には，児童労働や不当な低賃金労働がなされていないこと，当該国における腐敗防止や法令遵守の徹底が図られていること等，が信頼に足るパートナーであるための条件と考える。

9-4 NGO と NPO

NGO とは

NGOs（Non-governmental Organizations）とは，どういうものだろうか。原点は，会費や寄附金をもとに運営される民間組織である（政府公認・未公認それぞれの場合はありうる）。

資金……NGO 自身が集金（募金や国からの援助など）

人材……NGO 組織自体が人選

その位置付けはどのようなものであろうか。NGO は，各国の法律に従った活動内においてのみ認められ，その存立する国の法律を超えた権限と責任は負

えない，民間組織である。

　最初に NGOs という言葉が使われたのは，1945 年に発効した国連憲章の中であった。国際連合（国連）は，NGOs のもつ専門的知識・能力に基づく情報や助言を得ること，そして，経済社会理事会との協議上の地位を NGOs に与えた。現在，このような協議上の地位をもつ NGO の数は約 3,400 を数える。また，これとは別に，国連広報局のパートナーとして，国連広報活動を支援する NGOs もある。

> 国連広報センター　ウェブ・サイトから
>
> 　NGO（NGOs，非政府組織）は，市民によって組織された非営利の団体。さまざまな分野において国際的・国内的な幅広い声を代弁している。国連にとって重要なパートナーであり，国連と市民社会を結びつける貴重な存在。経済社会理事会は，その権限の範囲内の事項に関心を寄せる NGO について，一般・特別・ロスターの 3 つのカテゴリーに分けて，協議上の地位を与えている。

NPO とは

　主に，国内で活動する組織などが「利益を上げることを目的として活動する組織ではありません」と自ら表すときに，NPO（Nonprofit Organization，非営利組織）という言葉がよく使われる。

> ### NPO 市民系は 7 割
>
> 非営利組織評価基準検討会，2009 年 11-12 月調べ
> ・特定非営利活動法人（NPO 法人）のうち，市民の手でつくられたのは 7 割で，残りは自治体や企業がつくっているものである。行政組織からの委託事業に頼る団体が多く，市民との財政面でのつながりの弱さが指摘される。
> ・市民系は，任意団体が 42.7%，個人が 28.3%の計 71.0%。残りは，県や市町村が 7.0%，社会福祉法人などの非営利法人が 3.6%，企業が 3.3%，公益法人が 2.5%と続く。国や大学が設立した団体もある。
> ・また，全国約 1 万 2 千団体の財務データ（2003 年度）を分析した結果，収入のうち寄附金がゼロの団体が 54.5%あった由。

> ・NPO 法は，市民による社会貢献活動に法人格を付与して活動を促す狙いで1998 年 12 月に施行され，2012 年 4 月改正特定非営利活動促進法として施行された。
>
> 〔大学評価・学位授与機構，田中弥生准教授『朝日新聞』10 年 5 月 2 日，一部加筆修正〕

　改正特定非営利活動促進法（NPO 法）に基づく NPO 法人の認証数は，50,829 法人（2021 年 5 月末現在）である。

特定非営利活動促進法（平成 10 年 3 月法律第 7 号。以下「NPO 法」）

　市民セクターのあり方を考える上で，この法律と合わせ検討される法人制度改革関連三法は，2006 年 6 月に公布された。NPO 法における「公益」概念の大転換が図られ，NPO 法第 1 条は，その目的を次のように記している。

> **NPO 法**
>
> 第 1 条　この法律は，特定非営利活動を行う団体に法人格を付与すること等により，ボランティア活動をはじめとする市民が行う自由な社会貢献活動としての特定非営利活動の健全な発展を促進し，もって公益の増進に寄与することを目的とする。

　ここでは特定非営利活動を「市民が行う自由な社会貢献活動」と定義付け，「その健全な発展」が「公益の増進に寄与する」ことをうたう。市民の定義はされていないが，自ら市民と自覚する者ととらえる。その市民が，それぞれの価値観で社会に役立つと思うことを行えば，どのような考えであれ，それが「公益」の増進に寄与するという考え方である。NPO 法人の関係者にとってはいわば自明であるかもしれないが，明治以来の 100 年間の「公益」概念とはまったく異なり，ここに公益概念の大転換が起こっている。

100 年間続いた国家公益への突破口

　それでは，それまで 100 年間の公益とは何であったか。それは改正前の民

法（明治 29 年 4 月 27 日法律第 89 号）の第 34 条の条文である。

> **改正前の民法**
>
> 第 34 条　祭祀，宗教，慈善，学術，技芸其他公益ニ関スル社団又ハ財団ニシテ営利ヲ目的トセサルモノハ主務官庁ノ許可ヲ得テ之ヲ法人ト為スコトヲ得

　要は，「公益ニ関スル社団又ハ財団」が法人になるには，「主務官庁ノ許可」を得なければならない，ということである。「許可」とは，非常に裁量性の強い行政行為である。すなわち，公益とは，主務官庁が判断して決めるものだったのである。この考えを一般に「国家公益」と呼ぶが，むしろ「主務官庁公益」と呼ぶほうがふさわしい。それに対して，NPO 法のいう公益は，「市民公益」と呼ぶことができる。まさにこの「市民公益」概念の確立こそ，NPO 法の最も大きな意義であったといえる。

自然災害と NPO

　東日本大震災以降，多くの NPO（非営利組織）が活動範囲を，それ以前の平常時よりも大きく広げて震災復興に関わってきている。また，震災後に復興支援を目的に設立された NPO も多い。

- ・1998 年に特定非営利活動促進法（NPO 法）が施行されてからは，法人として活動する団体も急速に増えてきた。
- ・2011 年度は，公的サービスの担い手を育てる国の「新しい公共支援事業」をはじめ，各種の財政支援が行われている。企業も NPO と連携して，さまざまな復興支援事業を展開している。
- ・NPO 活動を粘り強く継続し発展を図るためには，収入基盤の強化を図ることが必要である。NPO 法人の平均的な収入構造を見ると，寄附が収入全体の限られた部分に留まる一方，行政からの委託など，事業収入への依存が見られる。

　NPO/NGO の事業収入・寄附・行政からの業務委託費等を合わせた平均総収入は，24.34 百万円 / 年（2011 年度）であった。このうち寄附総額は，GDP

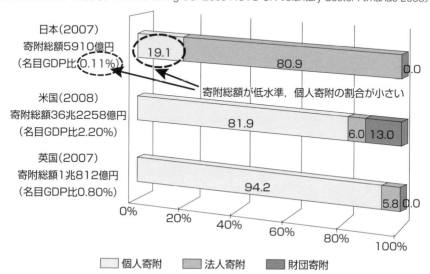

図表17　認定NPO法人の収入構成—日・米・英の寄附総額と寄附支出比率
〔総務省統計局，国税庁，AAFRC Giving USA2009 NCVO UK Voluntary Sector Aimanac 2008〕

日本（2007）
寄附総額5910億円
（名目GDP比0.11%）
19.1　80.9　0.0

寄附総額が低水準，個人寄附の割合が小さい

米国（2008）
寄附総額36兆2258億円
（名目GDP比2.20%）
81.9　6.0　13.0

英国（2007）
寄附総額1兆812億円
（名目GDP比0.80%）
94.2　5.8　0.0

0%　20%　40%　60%　80%　100%

□個人寄附　■法人寄附　■財団寄附

比約0.11%相当を占め，そのなかで個人寄附の割合は2割未満である。

　一方，他先進国の状況に目を向けてみる。**図表17**の統計データによれば，米国での寄附総額はGDP比2.2%を占める。寄附を通じて活動支援を充実させていく取り組みの強化は日本の課題の一つといえる。

　NPOの経営基盤強化に制度的支援が重要であるが，そのための大きな一歩として，税法上寄附者が寄附金控除を受けることのできる認定NPO法人制度が日本にも導入されている。

認定NPO法人

　東日本大震災からの復興支援において，多くのボランティアやNPOが活動し貢献していることは，記憶に新しい。全国にはたくさんのNPOがあり，震災支援だけではなく，福祉の増進，環境の保全，社会教育，まちづくりの推進などを目的としてさまざまな活動をしている。こうしたNPOの活動を支え

る方法の一つが寄附である。

NPO の重要な活動原資としての寄附

　寄附は，NPO 法人や公益社団・財団法人などの非営利型法人やボランティア団体などが社会貢献活動を行う上で，重要な活動原資の一つである。NPO 法人の財源には，主に会費，寄附金，補助金・助成金，事業収入があり，特に認定 NPO 法人では，寄附金が重要な財源になっている。

・NPO 法人のうち，一定の基準を満たすものとして所管庁の認定を受けた法人は，認定 NPO 法人となる。認定 NPO 法人になると，税制上の優遇措置を受けることができる。認定 NPO 法人（含む，特例認定法人）数は，1,204 法人(2021 年 5 月末)であり，今後も着実な増加が期待される。

・認定 NPO 法人制度については，2013 年 4 月施行された改正特定非営利活動促進法で認定基準の緩和等が行われた。

　認定 NPO 法人となるためには，NPO 法人を設立してから 1 年間が経過した後，実績判定期間（直前の 2 事業年度）において，一定の基準を満たすものとして所管庁の認定を受ける必要がある。

コラム　　　　　　　「非自発的雇用」とは

　わが国の新卒採用の情況は，どのようなものであろうか。2021 年春の大学等卒業者の就職状況を調査した文部科学省 / 厚生労働省の調査結果によると，大学生の就職率は 96％（前年同期比 2 ポイント低下）であった。これは，Covid-19 感染拡大による経済停滞への懸念が影響したためとみられる。

　大学生の就職率は，2021 年春卒業者のうちで，大学院進学や留学などを除いた就職を目指す人の割合を指す。男性・女性それぞれの就職率は，大学院進学意向が高い男子のほうが低い傾向を示している。

　ワーキングプアや正規社員の長時間労働などの存在，また，フリーターやニートなどの言葉もよく耳にすることがある。報酬すなわち，実質賃金が個々の働き

に対して明らかに少ない。また，提供している労働に伴う限界的苦痛が報酬に見合わないケースを，マスとして経済学的に分析することは可能である。これを，「非自発的雇用」ととらえ，それが実際にありえてしまうことを，下の図を参照することで経済学の理論面から理解してみる。

　労働の需要曲線と労働の供給曲線の交わる均衡点より下で，実質賃金が労働に伴う限界的苦痛を下回る場合を想定してみる。この場合，非自発的雇用が発生している状況であるが，この状況では，実質賃金が労働に伴う限界的苦痛を下回り，一人一人は厳しい環境に置かれていることになる。

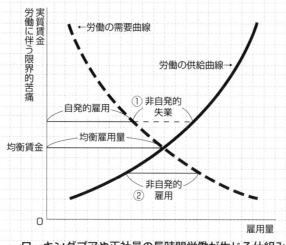

ワーキングプアや正社員の長時間労働が生じる仕組み
①働きたくても働けない失業が非自発的失業
②均衡賃金よりも低い賃金の下で，働きたくなくても
　働かざるをえない雇用が非自発的雇用
〔『ケインズはこう言った』NHK出版新書，高橋伸彰著より引用〕

キーワード解説

■ 労働三法

　労働関係を規制する３つの代表的な法律として，労働基準法，労働組合法，労働関係調整法 があり，これらを総称し労働三法と呼ぶ。

■ ILO：国際労働機関（International Labour Organization）

　1919 年国際連盟の一機構として設立。第二次世界大戦後は国際連合の専門機関として各国政府・労使の代表によって構成され，労働条件について各国への勧告，労働関係資料の収集・紹介などを行う。

■ NGO（非政府組織）

　国連憲章の精神から，国際的に活動する非政府組織（NGOs：Non-governmental Organizations）は，国連憲章における協議上の地位（Consultative Status）をもつ NGOs と，国連憲章における協議上の地位をもたない NGOs がある（国連ウェブ・サイトでは，NGOs と複数形で表記している）。

　協議上の地位は，次の通り，一般，特別，ロスターの３つのカテゴリーに分けて，与えられる。

　①一般（General）：経済社会理事会の活動のほぼすべてに関心をもち，国際経済，社会，文化，教育，衛生，科学，技術，人権の分野で国連の目的達成に貢献し，国際的に知名度があること。

　②特別（Special）：経済社会理事会の活動分野の一部に関心をもち，その分野で国際的に知名度があること。

　③ロスター（Roster）：上述２つには該当しないが，国連機関に有益な貢献をすると認められること。

第10章

持続可能な開発と企業の社会的責任

　地球の有する天然資源の総量は限られている。この前提に立ち，地球総体で見て調和のとれた節度ある利用がなされなければならない。持続可能な開発とは何か。この観点から，このままでは解決が図れない危惧が残る地球温暖化問題と，生物多様性の位置付けを整理し，商社活動と企業の社会的責任について考え方を深める。

10-1 社会的責任への対応ととらえ方

　有限な「地球」，21世紀は，環境の世紀と言われて久しい。今日，われわれの社会は，地球温暖化，酸性雨，野生生物種の減少など，全地球的な課題に直面している。これらは，大洪水，地震，津波，大型台風などの天災の発生とも複雑に絡み合っていると考えられる。これら環境問題の大部分は，産業活動等人間の活動の中で生み出されたものとされ，現代に生きる人間が将来世代のためにも解決の途を模索し続けなければならない差し迫った課題である。

　しかし，それぞれの国や地域それに，個々人の利害が対立し，その解決は容易なことではない。企業の社会的責任をとらえ深く考えようとするとき，一企業としてできることと，そうでないことをはっきり分けることが大切と考える。

10-2 持続可能な開発とは何か

第1章1-2「企業の環境及びCSR戦略」で，持続可能な開発（Sustainable Development）について，外部不経済の観点から一部触れた。

「われら共通の未来」

1987年に環境と開発に関する世界委員会（ブルントランド報告）により公表された「われら共通の未来」によれば，持続可能な開発（Sustainable Development）とは，将来の世代がそのニーズを充足する能力を損なうことなしに，現在のニーズを満たす開発のこと，とされる。

このためには，地球のもつ能力以上に天然資源の利用を増やすことなく，世界全体の人々の生活を質的に向上させることが求められる。持続可能な開発のためには，地域によって異なる行動が必要になる場合もある。しかしながら，真の意味で持続可能な暮らし方を築き上げるためには，3つの主要分野での行動を統合する必要がある。

① **経済成長と公平性**：今日の相互関連的でグローバルな経済システムでは，責任ある長期的な成長を促進する一方で，置き去りにされる国家や地域，コミュニティが出ないようにするため，総合的なアプローチが要求される。

② **天然資源と環境の保全**：地球環境と天然資源を守り，将来の世代に引き継いでいく。そのために資源の消費を減らし，汚染を防止し，自然生態系の生息地を保全するための経済的に持続可能な解決策を開発しなければならない。

③ **社会開発**：世界中の人々にとって，仕事，食糧，教育，エネルギー，健康管理，水及び衛生設備が，発展段階にかかわらず必要である。世界は一つの共同体ととらえたとき，文化的・社会的多様性という豊かな構造と労働者の権利が尊重され，社会のあらゆる構成員が，その将来の決定に役割を担う力を与えられなければならない。

予防原則的アプローチ

　このためにこそ，その場その場での対処療法から予防原則的アプローチへの企業レベルで個々の努力が望まれる。

　1992年リオデジャネイロでの地球サミット（国連環境開発会議）を契機として，環境問題は従来の後追い的な対策ではなく，先取り的でかつ持続しうる改善が求められてきた。すなわち，体系的改善を図るために環境マネジメントシステムが，その有力な管理ツールと認識されてきた。これは，循環型の社会経済システムへの足がかりとなり，地球環境問題の有力な解決策を目指しうる。それゆえ，環境マネジメントシステム導入の必要性もここにある。

　「本質的に汚さないこと。出口管理は終わりにすること」

　これこそが実践されなければならない。

持続可能な開発

リオ・プラス20

　ここで，持続可能な開発とは何か，あらためて現実を踏まえ，温暖化問題対応と「持続可能な開発」の概念に関して，筆者私見ではあるが考察する。

　BRICsの一角を占めるブラジルで2012年6月，国連「持続可能な開発会議」（リオ・プラス20）が開催された。リオ・プラス20では，経済成長と環境保全の両立を目指すグリーンエコノミーが重要だという認識で一致し，今後の行動目標となる持続可能な開発目標（SDGs）の策定で合意し，エネルギー消費の抑制など個別分野に関して，期限や数値目標の具体化を目指すこととなった。

持続可能な消費と生産（SCP）

　その一つに「持続可能な消費と生産（SCP：Sustainable Consumption and Production）」という考え方がある。このなかで，地球規模でこれが実現できるためには，デリンキング（切り離し，デカップリングとも言う）という概念が不可欠のものとされる。経済成長と環境負荷の増大，この2つを切り離す。すなわち，経済成長と環境負荷をデリンキングすることで，生態系の有する維

持能力の範囲内で社会及び経済開発を推進する，という考え方である。これまで第二次世界大戦後のわれわれ社会の進歩を振り返ったとき，経済成長と環境負荷の低減は，設備効率の向上・技術革新・3R（Reduce, Reuse, Recycle）の浸透等により，望ましい方向性を示している。すなわち，環境負荷の総量の低減（絶対値）がGDPなどの経済指標の増加よりも少なく，デリンキング（切り離し）されてきた。

しかし，今，地球規模でのGDPの伸びと温暖化問題はどうであろうか。

10-4「地球温暖化問題」で詳しく見ていくが，現下，中国・インドなどの大口排出国での温暖化ガス排出量は増加基調にあり，日本においても，激減は見通せない。地球温暖化対策について，経済成長と温室効果ガス排出の関係を切り離せるとするデリンキングの考え方で，説明しきることは困難である。

> ### デリンキング（切り離し，delinking）
>
> Social and economic deveropment within the carrying capacity of ecosystems by addressing and, where appropriate, delinking economic growth and environmental degradation through improving efficiency and sustainability in the use of resources and production process, and reducing resource degradation, pollution and waste.
>
> 〔SCP (Sustainable Consumption and Production)，国連開発計画 (UNEP) ウェブ・サイト〕

持続可能な開発と企業の責任

企業の社会的責任（CSR）は，「持続可能な社会を目指すために企業も責任をもつべきである，という考え方のもとに成立した概念である」と，とらえることは可能である。しかしながら，今日，時として日本のみならず，世界の主要企業が「企業の社会的責任（CSR）」に期待するものは，「企業の持続的発展」であり，そのため，しばしば次のような混同が起きている。すなわち，Sustainable Development を「持続可能な発展」と，「継続企業体としての企業成長」を目指す言い方として使われている場合である。これは，個別最適を前提に企業としての成長の実現を，長期的観点から継続していくことを指し，ブ

3.3.5 Relationship between social responsibility and sustainable development

Although many people use the terms social responsibility and sustainable development interchangeably, and there is a close relationship between the two, they are different concepts.

（中略）

The objective of sustainable development is to achieve sustainability for society as a whole and the planet. It does not concern the sustainability or ongoing viability of any specific organization. The sustainability of an individual organization may, or may not, be compatible with the sustainability of society as a whole, which is attained by addressing social, economic and environmental aspects in an integrated manner. Sustainable consumption, sustainable resource use and sustainable livelihoods relate to the sustainability of society as a whole.

〔ISO26000：2010　3.3.5　Guidance on social responsibility より引用〕

3.3.5　社会的責任と持続可能な開発の関係

　多くの人が，社会的責任と持続可能な開発を互換可能な同じ意味で使用する場合があり，この2つの用語の間には密接な関係があるが，それらは異なる概念である。

　持続可能な開発は，環境と開発に関する世界委員会の報告書「われら共通の未来」が1987年に発表されたあと国際的に認知され，広く受け入れられた概念であり，指標となる目標である。

　持続可能な開発は，地球の生態系の制限内でのニーズを満たすために，将来の世代の能力を損なうことなく現世代が，社会のニーズを満たすことである。持続可能な開発は経済，社会，環境という3つの側面があり，それらは相互に依存している。例えば，貧困の解消には，環境の保全と社会正義の両方が必要である。

　1992年の環境と開発に関する国際連合会議及び2002年の持続可能な開発に関する世界首脳会議など多くの国際フォーラムの場で，1987年以来，これら目標の

重要性は時を超えて繰り返されてきた。

　社会的責任は，組織に焦点をおいて，社会や環境への組織の責任に関するものである。社会的責任は，持続可能な開発と密接に関連している。持続可能な開発は，すべての人々に共通する経済的，社会的，環境的な目標であるから，責任ある行動をとる組織は考慮する必要があり，社会のより広範な期待を総括する方法として用いることもできる。それがため，組織の社会的責任の包括的な目標は，持続可能な開発に貢献することであるべきである。

（中略）

　本規格において，次項以降で記述する社会的責任の原則，慣行，中核主題は，組織による社会的責任の実用化と持続可能な開発への貢献のための基礎を形成する。社会的に責任ある組織の決定及び活動は，持続可能な開発に意味のある貢献をする場合がありうる。持続可能な開発の目的は，社会全体とこの地球のための持続可能性を達成することである。これは，特定の組織の持続可能性や継続的な存続可能性を問題とはしていない。個々の組織の持続可能性は，社会的，経済的，環境的側面を一体化した方法で取り組むことによって達成される社会全体の持続可能性と，両立することもあれば両立しえないこともある。持続可能な消費，持続可能な資源利用と持続可能な生計は，社会全体の持続可能性に関連する。

ルントランド報告「われら共通の未来」における有限な地球を前提とした Sustainable Development（持続可能な開発）の概念とは，想定自体が異なっていること，それゆえ，まったく別のことを指すことに留意すべきである。

　この点については，社会的責任ガイダンス規格（ISO26000）で，「社会的責任と持続可能な開発は異なる概念」及び「持続可能な開発の目的は，……両立しえないこともある。」と明記されている。その該当2カ所は，180〜181ページ資料（ISO26000，3.3.5項原文（中略），及び筆者全訳。下線は筆者追記）にて確認できる。

10-3 2050 年の低炭素社会

2030 年度中期削減目標

　震災がもたらした原子力発電所事故と電力不足をきっかけに，日本のエネルギー政策のあり方が根本から論議されてきた。

　製造業を中心に企業の海外シフトが止まないなかで，震災に伴うサプライチェーンの混乱や，原子力発電を代替・補完するエネルギー確保のための化石燃料・LNG の輸入量増加等により，日本の貿易収支が赤字へと転落。日本は，2011 年度純受け取り金額ベースで，世界最大の被援助国となった。これは一時的なものだったと整理することも可能である。しかし，同時に，国家財政の健全化，少子高齢化への対応，種々の規制の見直し，そして，経済連携の実効的推進など，震災前から日本が抱えているさまざまな課題が，ウィズ・アフターCovid-19 を見据えて待ったなしの状況になっていることも事実である。

　一方，パリ協定及び政府のカーボンニュートラル宣言を踏まえ，「2050 年までの脱炭素社会実現の方針」を基本理念とする改正地球温暖化対策推進法が2021 年成立した。

　日本は，2030 年度の温室効果ガスの排出を 26％削減する旨の NDC（約束草案）を既に提出しているが，最優先での再生可能エネルギーの積極導入・主力電源化や化石燃料の使用削減を行うことで，2013 年度比 46％削減，さらに50％の高みを目指すとする改定 NDC（約束草案）の提出を準備中である。

目指すべき社会の姿

　このような変化や課題に直面するなかで，震災からの復興を，日本再生のきっかけとしていくことが本当に重要なことだと思う。日本の再生は，単に元に戻すだけでなく，持続可能な開発（Sustainable Development）を前提とした，新たな日本へと進化を遂げるものである。

　ここで，エネルギー問題と地球温暖化問題対応を念頭とし，われわれの目指すべき社会や国はどうあるべきか。この根本の見方に関し，さまざまな考え方を整理したいと思う。商社活動と企業の社会的責任を論ずる際，その前提と考える「社会」や「わが国のあるべき姿」に触れないことは無理がある。実際，本当に難しい課題であるが，ちょうど東日本大震災前の 2011 年 2 月の段階で，2050 年を見据え，当時の政権下で，低炭素社会実現への 5 つのシナリオが公表された。この 5 つのシナリオは大きくは 2 つに整理できる。一つは，これまで通り経済優先型。あとの一つは，価値観の転換に伴う，支え合い社会型である。細かく 5 つのシナリオの詳細については，ここでは論じないが，企業の社会的責任は何かを考えていく上で，社会をとらえ自分なりに考え方を整理し深めていく。そのために，あるべき社会や日本の進むべき方向性についての見方を整理することは，大いに参考になるアプローチと考える。

5 つのシナリオ
①国内でもものづくり‥‥‥ものづくりを国内で続ける。
②開発拠点化‥‥‥‥‥‥製造は海外で行っても，研究開発は国内で行う。
③サービス経済化‥‥‥‥製品の製造に注力するよりも，観光客の誘致を積極的に行う等，サービス経済化を図る（わが国は「おもてなし」の文化を備えていることは，東京オリンピック誘致で印象付けられた）。
④資源自立優先‥‥‥‥‥経済成長を目標としない「足るを知る」生活。
⑤ゆとり志向社会‥‥‥‥「モノより心」，そうでありたいとの強い思いの実現。

　新たな日本と日本の再生のために，総合商社は本業を通じてしっかりと貢献していかなければならない。筆者は私見ではあるが，このような思いを抱いている。
　海外に目を向けると，足元では欧州の財政・金融不安やイラン・シリア・ウ

クライナをめぐる情勢，米中対立や経済摩擦など，いつ深刻な危機に陥っても不思議ではない状況が続いている。大きなトレンドとして，20世紀初めには約16億人と言われた世界人口が現在76億人，2050年には90億人を超え，地球規模での人口増加は止まることがないと予想される。

10-4 地球温暖化問題

地球温暖化と二酸化炭素排出量

国連の気候変動に関する政府間パネル（IPCC）第5次報告書では，「信頼度95%の確率で，地球温暖化の原因は産業活動等人為的理由に起因する二酸化炭素排出量の増大から」と結論付け，今世紀末には平均気温が最大4.8℃上昇すると予測した。一方，「先進国と途上国の共通だが差異ある責任」を果たしていくことで各国とも基本的に合意し，2020年以降の基本的枠組を定めるパリ協定が2016年に発効した。しかしながら，温暖化対策をめぐる国際交渉は，運用面における実効性の観点から国ごとに異なる利害調整の困難さ等に直面し続けている。日本国内ばかりでなく，世界各地で熱波や豪雨，竜巻などの異常気象発生は顕著である。

温暖化問題は，一企業や一国だけでの個別最適を計る対応では，本質的に解決することは困難である。国際社会での共通の義務を負う真摯な合意が望まれる。この観点から締約国が義務を負う形で国際条約を締約し，実施されてきていたのが，「京都議定書」第一約束期間，2008年からの5ヵ年であった。

この点を正しく認識するため，世界の二酸化炭素排出量に占める主要国の排出割合（**図表18**）と各国当たり及び一人当たりの排出量の比較（2018年）（**図表19**）を参照することで，理解を深めよう。

共通だが差異ある責任を果たしていく際，主要国が義務を負う真摯な合意形成がいかに簡単でないか，基本的理解が得られると思う。また，国内に目を向

図表18　世界の二酸化炭素排出量（2018年）

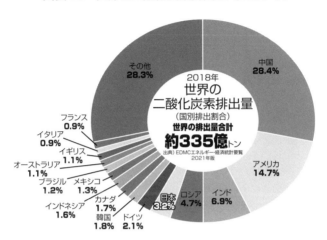

図表19　世界の二酸化炭素排出量に占める主要国の排出割合と
　　　　各国の一人当たりの排出量比較（2018年）

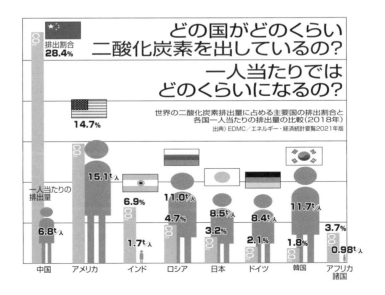

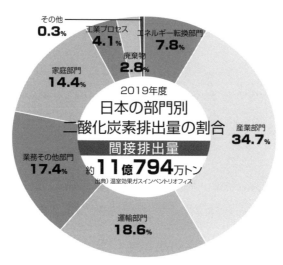

図表 20　日本の部門別二酸化炭素排出量（2019 年度）

〔図表 18-20 は，全国地球温暖化防止活動推進センター，ウェブ・サイトより引用〕

けたときに，押さえておかなければならない日本の部門別二酸化炭素排出量（各部門の間接排出量）（**図表 20**）も参照することで，理解を深める。

地球温暖化防止のための国際協議

　気候変動枠組条約発効以来の，地球温暖化防止のための国際協議と，ポスト京都議定書第一約束期間，パリ協定の発効及び地球温暖化問題へのわが国の現状について，時系列的にまとめたものが 187〜188 ページの資料である。

地球温暖化防止のための国際協議

・1992 年　リオ・サミット（国連環境開発会議）
・1994 年　国連気候変動枠組条約（UNFCCC：United Nations Framework Convention on Climate Change）発効。
　米国を含む 180 カ国以上が批准。（4 つの主要合意事項）
　　①　大気中の温室効果ガス（GHG）濃度の安定化
　　②　先進国と途上国の共通だが差異ある責任
　　③　持続可能な開発を推進
　　④　国際的な協力を推進

・1997 年 12 月　気候変動枠組条約　第 3 回締約国会議（COP3）を京都で開催。
　京都議定書を採択。先進国に法的拘束力のある削減数値目標を設定。
・2001 年 3 月　米国，京都議定書からの離脱を宣言。
・2005 年 2 月 京都議定書の発効。
・2009 年　G8 ラクイラ・サミットにて，2050 年までに温室効果ガスを 80％削減する方向で各国首脳間合意。
・2011 年 12 月　COP17　ダーバン合意，すべての排出国を対象とした 2020 年からの温暖化対処のための枠組み交渉への道筋をつける。
・2012 年 12 月　ドーハにて京都議定書第二約束期間について採択される。
　― 2013 年～2020 年の 8 年間，18％（1990 年比）以上の削減を目指す。
　―排出削減プロジェクトは継続されるが，日本・ロシア等不参加国には使用制限。
　―第二約束期間についても先進国（附属書Ⅰ国）のみに削減数値目標を課したもの。
　―削減義務を負う国の総排出量の比率は，約 15％に減少（第一約束期間，約 25％であった）。

- ・資金メカニズムとして，Green Climate Fund を設置。
  日本はロシア同様第二約束期間に参加しないことを表明，カナダは離脱。
- ・2015 年　COP21 パリ協定採択される。
- ・2016 年　パリ協定発効。
- ・2021 年 11 月　COP26 英グラスゴー（開催予定）

地球温暖化問題へのこれまでのわが国の対応について

　わが国の 2019 年度の温暖化ガスの総排出量は 12 億 1,200 万 MT と前年度比 2.9％減少した。これは，わが国の削減目標の基準年である 2013 年度の総排出量（14 億 800 万 MT）と比べて，14％減少しており，その要因としてはエネルギー消費量の減少（省エネ等）や，電力の低炭素化（原発一部再稼働，再エネ拡大）等が挙げられる。

　①京都議定書第一約束期間（2008 年〜2012 年度）のわが国温室効果ガスの総排出量の 5ヵ年平均は，13 億 800 万 MT と，1990 年度の総排出量（12 億 7500 万 MT）比 2.6％ 増加した。ただ，「京都議定書」で認められたわが国森林吸収源対策分及び都市緑化等による吸収量と海外からの CDM 等排出枠取得などを加味すると，②先進国に排出削減を義務付けた「京都議定書」のわが国に割り当てられた目標（年平均 6％削減）をクリアし達成した。

　日本は，第二約束期間は不参加だったが，自主的削減活動を継続した。

　過去の CDM では日本から資金が流出，日本の技術や設備はほとんど活用されなかったとの立場をとり，これらの反省から，二国間削減クレジット（JCM：Joint Credit Mechanism）＊導入を国際協力の軸にしたいとしている。

　　＊日本と排出国で個別に合意し，排出国に削減技術・設備を導入，その結果削減された量（排出権）を二国間で分ける仕組みをいう。ただし，創出された排出権の日本国内での受入れ制度等，制度的に不透明な面がある。

なお，2030 年に温室効果ガス 26％削減，2050 年に 80％削減を目指すこれまでの目標にとどまらず，わが国ではパリ協定等を踏まえ「2050 年までの脱炭素社会の実現の方針」を基本理念とする改正地球温暖化対策推進法が 2021 年成立した。

パリ協定

2015 年にパリで開催された国連気候変動枠組条約締約国会議（COP21）において「パリ協定」が採択され，2016 年 11 月に発効した。同協定は 2020 年以降の気候変動問題に関する国際的な枠組みであり，「京都議定書」の後継に位置付けられる。「パリ協定」では，世界の平均気温上昇を産業革命以前に比べて 2℃ 未満に抑制，1.5℃ 以下に抑える努力をすること。また，そのため，出来るかぎり早く世界の温室効果ガス排出量をピークアウトし，21 世紀後半には，温室効果ガス排出量と（森林などによる）吸収量のバランスを取ることを世界共通の長期目標に掲げている。

同協定は，発展途上国を含むすべての参加国と地域に，排出削減の努力を求める枠組みであり，2020 年以降の「温室効果ガス削減目標」を定めることを求めており，加えて，長期的な「低排出開発戦略」を作成し，提出するよう努力すべきであることも規定している。同協定においては，削減目標については，達成義務を設けず，努力目標としている。ただし，進捗状況に関する情報を定期的に提供し，専門家によるレビューを受けること，即ち，「プレッジ＆レビュー方式」が定められ透明性を確保しうるとしている。また，各国の削減目標は，5 年ごとに更新し提出することが求められている。

発展途上国に対する先進国の資金支援については，「京都議定書」同様，引き続き義務とされているが，加えて，発展途上国にも自主的な資金提供を奨励することとした。

日本は 2030 年度の温室効果ガスの排出を 2013 年度の水準から 46％削減する旨の改定約束草案提出を，準備している。

主要国の温室効果ガスの削減目標

「パリ協定」に合意した各国は，自国が自主的に定めた削減目標（NDC：約束草案）を提出している。

しかしながら，各国が自主的に定めた削減目標は基準年度，目標年度，削減に向けたアプローチが異なるため単純な比較は困難である。

日本は 2013 年度と比べた場合の数値，米国及び中国は 2005 年度と比べた場合の数値，EU は 1990 年度と比べた場合の数値を約束草案（削減目標）として提出している。

注）2017 年 6 月，米国は「パリ協定」脱退を表明したが，米国政権交替に伴い，2021 年 1 月撤回しパリ協定に復帰した。

　なお，米国は，京都議定書第一約束期間について，1990 年度比で 7％の削減義務を負ったが，発展途上国に削減を義務付けていないことを理由として，2001 年に京都議定書から離脱したことは周知である。

「パリ協定」における提出された主要国の温室効果ガスの排出削減目標（わが国，改定検討中）と，京都議定書第一約束期間での主要国別の削減目標・実績を比較できるように取りまとめてみる。（次ページ**図表 21**）

京都議定書第一約束期間では中国，インドは，「発展途上国」（「京都議定書」附属書 I 国に該当しない国）とされ，削減義務自体を負っていなかった。なお，GDP 当たりの削減率の考え方には，その国の GDP 自体が大きくなることについては，一切制約がない。それゆえ，当該国の経済成長自体の歯止めはなく，たとえ削減率が，率としては見かけ上大きくなっても，母数である経済規模を表す GDP がより大きくなれば，絶対量として温暖化ガスの排出量は減少せず，逆に増加してしまうことすらありうることとなる。

参考までに，日本，米国，中国 3 カ国それぞれの 1990 年と 2020 年の GDP（国内総生産）総額〔米ドル換算ベース〕（**図表 22**）を比べてみると，経済規模増大の違いが明らかになる。

図表 21 主要国の温室効果ガス削減目標

国名	「パリ協定」 2030 年削減目標（米国，EU 改定済）	「京都議定書」 削減目標と実績　*①
日本	46%減（2013 年比）に，目標改定検討中	6%減・達成
米国	50〜52%減（2005 年比）*②	離脱
EU	55%減（1990 年比）*②	8%減・達成
中国	GDP 当たり 60〜65%減（2005 年比）	非附属書Ⅰ国 （発展途上国） であり，排出 削減義務なし
インド	GDP 当たり 33〜35%減（2005 年比）	
韓国	（GHG 削減策を講じなかった場合の 2030 年比）37%減	

UNFCC 約束草案

*① 「京都議定書」第一約束期間削減目標・実績（2008〜2012 年における 1990 年比での平均削減率。削減実績（森林吸収等含む）

*② 米国，EU はこれら数値に改定した削減目標（NDC）を，国連に提出済。

図表 22 日米中 3 カ国，名目 GDP の推移

（単位：1,000Million US$）

	1990	2000	2010	2013	2020	比較 2020/1990
日本	3,197	4,968	5,759	5,212	5,049	1.6 倍
米国	5,963	10,252	14,992	16,785	20,933	3.5 倍
中国	397	1,205	6,034	9,625	14,723	37.1 倍

〔IMF "World Economic Outlook, April 2021" より筆者編集〕

「予防原則」の考え方

　国連気候変動枠組（UNFCCC）条約第 3 条には，「予防原則」の考え方がはじめて明記された。科学的な確実性が十分にないことをもって，予防措置をとることを延期する理由とするべきではないとする。国連気候変動枠組条約の

原文では，この重要な概念は，どのように記述されているのであろうか参照してみる。

> **国連気候変動枠組条約**（UNFCCC: United Nations Framework Convention on Climate Change）第3条より
>
> The Parties should take precautionary measures to anticipate, prevent or minimize the causes of climate change and mitigate its adverse effects. Where there are threats or irreversible damage, lack of full scientific certainty should not be used as a reason for postponing such measures.

　地球温暖化防止に資すため，締約国に義務と責任を課した京都議定書第一約束期間の5年間は終了し，国レベルで削減目標義務を負う枠組の成立は，現実には困難となり，「パリ協定」が京都議定書の後継の位置付けで採択され2016年発効した。地球規模での削減の実効性の観点から，「果たして，これで先送りにしたことにならないのだろうか」と疑問をもったのは，筆者のみではないと思う。

　国益がぶつかり合うなかで実現できた，調整の成果として京都議定書を位置付けることは可能であった。パリ協定の実効性を見守る際，京都議定書の概要と制度について振り返り理解しておくことは重要である。これについて，次に概括してみる。

京都議定書の概要

　京都議定書は2005年2月に発効。

京都メカニズム

　附属書Ⅰ国が，その排出削減義務を達成するのに柔軟性を与えるため，「柔軟性メカニズム」とも呼ばれる。京都メカニズムは，①国際排出量取引，②共同実施，③クリーン開発メカニズム（CDM）の3つを指す。なお，国際排出量取引と共同実施は，削減数値目標を課せられた附属書Ⅰ国間のみにおいて利用できる。

ここで，京都メカニズムのうちで，クレジットを使う仕組みとして活用されてきているクリーン開発メカニズム（CDM）について，説明する。

クリーン開発メカニズム（CDM：Clean Development Mechanism）

3つの京都メカニズムの一つのクリーン開発メカニズム（CDM）は，削減義務のない途上国で，先進国と当該途上国が共同で削減事業を実施し，生じたクレジットを分け合う仕組みである。国連のもとで進められる手続きは，条件が非常に厳しく，プロジェクト実施実現まで年単位の時間を要した。また，案件の実施地域も偏っているといった課題もあった。

CDM の具体的事例としては，火力発電から水力発電ないし風力発電に変更して温室効果ガスを削減する事業などがある。国連 CDM 理事会が，CDM 事業の実施を全体として監督する。

CDM プロジェクトの条件

・プロジェクト実施国（ホスト国）は附属書 I 国に該当しない発展途上国，すなわちいわゆる「先進国」ではないこと，かつ京都議定書を批准していること
・温室効果ガスを削減すること
・直接削減：工場などから発生する温室効果ガスの回収，削減
・間接削減：省エネや再生可能エネルギー発電により，それまでの化石燃料による発電量が減少，その結果，化石燃料の使用量の削減
・プロジェクト実施国（ホスト国）の承認を取得できること
　ホスト国がプロジェクト承認の基準を設定していること
・ホスト国の法律・規制により排出削減や当該案件の実施が義務付けられていないこと
・追加性があること
　この点について補足すると，CDM を適用しても，しなくても実施したプロジェクトは "Business As Usual" とみなされ追加性がないとされ，適格条件を満たせない。

世界主要国の一次エネルギー消費量と構成

　二酸化炭素排出の大幅削減を実現するためグローバルで化石燃料の使用を激減させていかなければならない。主要国ごと，電力用途だけでなく一次エネルギー総消費とその構成はどのようなものだろうか。以下の図からわかるように，2020年度における世界の一次エネルギー消費量全体に占める再エネ（Renewable Energy，再生可能エネルギー）のシェアは約6%と計算される。

　一方，化石燃料（原油・天然ガス・石炭の合計）は，世界全体の消費量の80%を超えていることがわかる。発電燃料としての電力用途だけでなく，熱・蒸気などの用途も含めた一次エネルギー消費量全体を把握してみる。これこそ，グローバル・地球社会における調和ある共存をはかるうえで欠かすことのできない視点と考える。

世界主要国の一次エネルギー消費量と構成　2020年度

	原油	天然ガス	石炭	原子力	水力	再エネ	計
日本	6.49	3.76	4.57	0.38	0.69	1.13	17.03
米国	32.54	29.95	9.20	7.39	2.56	6.15	87.79
中国	28.50	11.90	82.27	3.25	11.74	7.79	145.46
フランス	2.68	1.46	0.19	3.14	0.54	0.68	8.70
ドイツ	4.21	3.12	1.84	0.57	0.17	2.21	12.11
インド	9.02	2.15	17.54	0.40	1.45	1.43	31.98
韓国	4.90	2.04	3.03	1.42	0.03	0.36	11.79
世界計	173.73	137.62	151.42	23.98	38.16	31.71	566.63

〔単位：1,000,000,000,000,000,000joules ＝ Exajoules〕
筆者注）　2018年度「世界計」は，576.23 Exajoules
『BP Statistical Review of World Energy 2021 統計』，より筆者編集

・方法論が必要，すなわち，排出削減量をモニタリングし，計算する決められた方法論が必要

　CDM プロジェクトの条件を厳格にすべて満たせない場合は，排出削減義務を達成するのに使われる仕組みとしてのクリーン開発メカニズム（CDM）とは認められない，厳しい運用がなされていた。

キーワード解説

［地球温暖化問題に関するキーワード］

■ IPCC（International Panel on Climate Change）：
国連の気候変動に関する政府間パネル

　国連機関であり，世界気象機関と国連環境計画が共同で 1988 年に設立。195 カ国が参加し，事務局はジュネーブにある。IPCC 報告書は，1990 年，1995 年，2001 年及び 2007 年に続き，2014 年第 5 次報告書が公表された。気候変動の科学的な分析のほか，自然や社会経済への影響，気候変動を抑える対策なども盛り込まれる。報告書の内容は，各国の政策や，気候変動に関する国際交渉に強い影響力をもつ。

　2007 年の第 4 次報告書の気温データについて，ねつ造疑惑が発覚し，「クライメート事件」と呼ばれたが，独立調査委員会の検証によって報告書の信頼性には問題がないとされた。

■ National Inventory：**国家目録**

　気候変動枠組条約は，国家通報の中に含まれるべき一つの事項として，国家目録を位置付けている。京都議定書のもとでは，附属書 I 国は，自国の排出量と吸収量の目録を，毎年提出しなければならない。

■ UNFCCC（United Nations Framework Convention on Climate Change）：
気候変動枠組条約

　ブラジル・リオデジャネイロで開催された 1992 年 6 月の「地球サミット」で採択され，1994 年に発効した。条約及び議定書と条約に付されるその他の関連

する文書の究極の目的は，「気候系に対して危険な人為的干渉を及ぼすこととならない水準において，大気中の温室効果ガスの濃度を安定化させること」である。

■ COP（Conference of the Parties）：国際条約の締約国会議

気候変動枠組条約等の締約国会議を指す。同条約の京都議定書の締約国による会議は，COP/MOP または COP/CMP と呼ばれる。

■ GHGs（Greenhouse Gases）：温室効果ガス

太陽から地表に届いた熱を受けて，地表から放射される赤外線を吸収し，吸収した熱を再び地表に向かって放射することで，地表を暖める効果を有するガスのことである。温室効果ガスにより地球の平均気温は約 15℃に保たれているが，仮にこのガスがないとマイナス 18℃になってしまう。

温室効果ガスによる適度な温室効果により地球の生態系が保たれる。しかし，人間活動による温室効果ガスの排出量の急激な増加により，地表付近の気温が急速に上昇する，いわゆる「地球温暖化」が進行していると言われている。京都議定書は，こういった温室効果ガスのうち，人間活動により発生する 6 つの温室効果ガス〔二酸化炭素（CO_2），メタン（CH_4），一酸化二窒素（N_2O），ハイドルフルオロカーボン（HFC），パーフルオロカーボン（PFC），六フッ化硫黄（SF_6）〕を対象としている。附属書Ⅰ国の排出量は，これらの 6 つのガスをまとめ，各ガスの地球温暖化係数に基づいて二酸化炭素換算で計算される。
〔三ふっ化窒素（NF_3）が，第二約束期間で追加された〕

GHG 排出権は，二酸化炭素換算 MT（$MT\text{-}CO_2$）を単位として取引される。

■ 地球環境問題

地球温暖化，野生生物種の減少，森林の減少，オゾン層破壊，酸性雨，大気汚染，砂漠化，海洋汚染などの環境問題は，先進国・途上国を問わずすべての国とその国民に対する課題であり，その解決には国際的合意に基づく協力が不可欠である。一方，地球環境問題をめぐる国際間の交渉は，国益がぶつかり合い，地球規模での人類全体の共通の利益は，理念こそあれ後回しにされることがありうる。地球環境問題は，かつての公害問題のように直接の被害が実感できないため，気付かないうちに危機を迎えるということになりかねない。

■共通だが差異ある責任

　地球温暖化への責任は世界各国に共通するが，発展段階の違いによるその責任の程度の差異，各国の資金や技術等の負担できる違いから，地球温暖化の問題解決において果たすべき役割が異なるという概念を指す。

　「気候変動枠組条約」において採用され，2012年に開催された国連持続可能な開発会議（リオ・プラス20）の成果文書「The future we want」，第15項においても，再確認されている。

■間接排出量

　部門別排出量には，直接排出量と間接排出量がある。直接排出量は，発電に伴う排出量をエネルギー転換部門からの排出として計算（2019年度の「直接排出量」では39.1％）したもの。これに対し，間接排出量は，それを電力等の消費量に応じて最終需要部門に配分して計算したもの。それゆえ，実際に使用した電気・ガス等の量も加えた最終需要部門の二酸化炭素排出量が把握できる。〔186頁参照〕

［生物多様性に関するキーワード］

■名古屋議定書

　遺伝資源へのアクセスと利益配分（ABS）に関する国際的なルールを定めたもの。2010年生物多様性条約第10回締結国会議（COP10）で採決された。批准国数が発効要件の50ヵ国を満たし，2014年10月発効した。日本は，2017年8月締約国になった。生物資源の利用国と原産国の利益配分に関する法的拘束力のあるルールを定めることで，双方に利益をもたらすことを目指す。

10-5 生物多様性の位置付け

生物多様性とは

生物多様性（Biodiversity）とは，地球全体の生態系に，多様な生物が存在していることを指すとされる。

しかし，きちんと理解しようとすると，その定義には，さまざまなものがあることに気付く。生物多様性条約第2条「用語」において，「生物多様性」は，次の通り定義されている。加えて，同「生物資源」の定義も参考にしてみる。

> ### 第2条　用語
>
> この条約の適用上，「生物の多様性」とは，すべての生物（陸上生態系，海洋その他の水界生態系，これらが複合した生態系その他生息又は生育の場のいかんを問わない。）の間の変異性をいうものとし，種内の多様性，種間の多様性及び生態系の多様性を含む。
>
> 「生物資源」には，現に利用され若しくは将来利用されることがある又は人類にとって現実の若しくは潜在的な価値を有する遺伝資源，生物又はその部分，個体群その他生態系の生物的な構成要素を含む。

地球上の生命は約38億年前につくられたと言われ，その秩序が現在に至るまで保たれ続けている。それは，すべての物質が絶え間なく循環しながら，なお全体のバランスが保たれた状態，すなわち，動的平衡が維持されてきているからと言われる。例えば，地球全体の炭素の総量ははるか昔から大きくは変わらない。しかし，あるときはだれかの体の一部となり，あるときは植物の一部となり，また，あるときは大気中の二酸化炭素となる。生物多様性は，自然生態系がバランスを維持するために必要不可欠とされてきている。

生物多様性条約

生物多様性条約は，1992年の地球サミットで採択され，同じく採択された

気候変動枠組条約と合わせ，双子の条約と称されている。国と国の利害調整は困難であるがそれが不可欠なものに，「遺伝資源の利用から生ずる利益の公正かつ衡平な配分」の枠組の策定が挙げられる。生物多様性条約は 1993 年 12 月に発効した。本条約は，

1. 生物多様性の保全
2. 生物多様性の構成要素の持続可能な利用
3. 遺伝資源の利用から生ずる利益の公正かつ衡平な配分

を目的（条約第 1 条参照）とし，締約国が国家戦略をつくることを定めている。生物多様性の保全のために，保護地域の指定と管理，保護種の指定とモニタリング，生息地の回復，環境アセスメントの実施，などを求めるとともに，条約をめぐって，遺伝子資源を利用するバイオテクノロジー技術をもつ先進国と，遺伝子資源をもつ途上国とが対立（ABS：Access and Benefit Sharing），米国は，バイオ産業が不利益を被ることを理由に本条約を締約していない。

生物多様性基本法（2008 年 6 月施行）

わが国の生物多様性基本法は，生物多様性条約を踏まえて，制定された国内基本法としての位置付けを占め，個別具体的な規制は伴わない理念法と位置付けられる。生物多様性の保全と持続可能な利用に焦点を当て幅広い施策に影響を与え，自然及び生態系に関わる個別法の見直しの際にも整合性をとることが求められている。

生物多様性基本法

（目的）

第 1 条　この法律は，環境基本法（平成 5 年法律第 91 号）の基本理念にのっとり，生物の多様性の保全及び持続可能な利用について，基本原則を定め，並びに国，地方公共団体，事業者，国民及び民間の団体の責務を明らかにするとともに，生物多様性国家戦略の策定その他の生物の多様性の保全及び持続可能な利用に関する施策の基本となる事項を定めることにより，生物の多様性の保全及び持続可

能な利用に関する施策を総合的かつ計画的に推進し，もって豊かな生物の多様性を保全し，その恵沢を将来にわたって享受できる自然と共生する社会の実現を図り，あわせて地球環境の保全に寄与することを目的とする。

　生物多様性国家戦略は，生物多様性条約に基づき，生物多様性の保全と持続可能な利用に関わる政府の施策を体系的に取りまとめ，その目標と取り組みの方向を示したものである。（生物多様性民間参画ガイドライン第2版，参照）

　企業等がさまざまな場面で生物多様性に影響を与えているとともに，生物多様性の保全と持続可能な利用を，社会経済的な仕組みの中に組み込んでいく上で重要な役割を担っているという認識のもと，第3次生物多様性国家戦略では，企業の自主的な活動の指針となる生物多様性企業活動ガイドラインの策定が，次のように示された。

生物多様性国家戦略・生物多様性企業活動ガイドライン（概要）

　企業の活動は，原材料の調達，遺伝子情報の活用，土木建築などさまざまな場面で生物多様性に影響を与えたり，その恩恵を受けたりしている。また，企業の活動は，消費者の意識に支えられており，国民一人一人の消費行動と密接なつながりがある。このことから，企業が社会的責任（CSR）としてのさまざまな活動を含めた企業活動全般を通じて，生物多様性の保全と持続可能な利用を社会経済的な仕組みの中に組み込むことが重要となっている。企業による生物多様性に関する活動への参画を促すため，企業による活動の収集と情報発信，先進的な取組事例の紹介を行うとともに，それらも踏まえて企業による取り組みの指針となる生物多様性企業活動ガイドラインの作成を，経済団体や企業の参加を得て進める。

　批准した加盟国や地域に対し権利と義務を定めた条約本来の目的と，その条約を踏まえて国内法として自国民に適用する基本法の目的では，適用対象が異なり，厳密に読み込んだ際，目的とその適用範囲も重ならない重要部分があることがわかる。生態系の保全や生き物を大切にすること。これで，各国や地域で異なった意見が戦わされることはまずありえない，と筆者は個人的見解では

あるが考える。それにもかかわらず,「生物多様性」という Biodiversity の日本語訳から,条約での論点と国内法における論点が同じものと誤解されてしまう。何が問題の本質か,常に問題意識をもって考えていくことが重要である。

遺伝資源の取得の機会とその利用から生ずる利益の公正かつ衡平な配分 (ABS：Access and Benefit Sharing)

遺伝資源とは,医薬品や食品などに利用される微生物などの生物資源のことである。先進国の企業は,熱帯雨林の微生物を使ってさまざまな医薬や栄養補助食品（サプリメント）を開発し,利益を上げてきた事実がある。生物多様性条約は,遺伝資源の利用によって得られる利益の公正かつ衡平な配分を求めている。

バイオパイラシーと称されるが,発展途上国は遺伝資源が勝手に持ち出され利益が公平に配分されないことを懸念,取り締まりに国境を越えて自国の法律が適用されるべきだとし,そのため,法的拘束力のあるルールづくりを主張し,先進国と対立してきた。名古屋議定書は 2014 年 10 月発効。日本は 2017 年 8 月締約国となり,運用面での方向性が見守られている。

10-6 持続可能な開発の概念と産業活動

いわゆる工業的製造活動や開発行為が,問題の原因なのだろうか。そもそも論として,持続可能な開発の概念から見る産業活動の位置付けについて,公害問題を最も早い時期に先取りし,環境問題の深刻さを指摘した『沈黙の春』レイチェル・カーソン著を参考にして,あらためて考えを深めてみたいと考える。

レイチェル・カーソン著『沈黙の春』（青樹築一訳,筑波常治解説,新潮文庫）の考え方では,残留農薬問題,すなわち農業増産を支える農薬の負の影響

も論じ，ものみな死に絶えたに等しい沈黙の春が到来したことを下記のように記述している。しかしながら事態の本質は決して単純ではない。非常に重い。

　農薬をふくめて殺虫剤・殺菌剤は，人間からみて"有害"な生物群を排除するために開発された。そもそもの問題は，この"有害"という定義に含まれている。Aなる生物がBなる生物を食い殺すという場合，BにとってAは有害な存在にちがいない。しかし自然界全体からみるならば，多種多様な生物たちが食ったり食われたりしながら，それなりに安定した生態系をつくっている。AもBもその一部をなす構成要素にほかならない。そして特定の種属だけ過度にふえすぎることがないよう，抑制するための条件がととのえられている。

　ところが，ホモ・サピエンス（ヒト，人類）という特定種属は，このタブーに挑戦して，これを破ったのである。人間の個体数の過度の増加を抑制するさまざまな存在が，"有害"なものとして撲滅の対象になった。（中略）人間本位の利用目的にかなう生物は"有益"であり，これらを大量に増産することが，人間の繁栄のために必要である。したがって有益な生物の過度の増殖を抑制する自然界の作用は，ことごとく有害なものとして排除されなければならなくなった。

（中略）一企業の責任に帰するには，悲劇の根はいささか深すぎる。

　人間が今日のごとく高度文明をきずきえたのは，採集経済から脱して，牧畜さらに農耕という生産手段を発明したからである。（中略）害獣・害鳥・害虫あるいは雑草といった汚名を一方的にかぶせ，強引に排除する手段にでた。こうして自然界のバランスがくずれた。いわゆる公害の起源は，工業とともにおきたのではなく，遠く牧畜ないし農耕のはじまりにさかのぼるのである。

　家畜や作物は，いずれも野生生物から進化した。人間の利用目的にかなうように"改良"されたものである。この改良という言葉自体，はなはだ人間本位の用法である。（中略）イネがゆたかにみのった状態を，「黄金の穂がた

わわに――」といった表現であらわすが，それを天然の植物としてみれば，あまりにも穂の部分だけ巨大化しすぎてしまい，まっすぐにたっていることができなくなった不健康な状態である。時代とともに，人間は家畜・作物の改良をすすめた。ということは，不健康の度合をひどくさせたのである。当然ながらそれらの生活能力は，低落の一途をたどった。

　畸形にして虚弱なこれらの種属は，野生の動植物群と対等に競争することなどできない。したがってそれらをそだてるには，人間の手による“保護”が不可欠となる。その保護こそ，家畜については飼育技術，作物については栽培技術にほかならない。時代とともに家畜・作物の改良がすすみ，ということは畸形の程度がひどくなり，それにあわせて飼育・栽培技術も発達した，ということは過保護の傾向をつよめた。虚弱きわまる作物をよく成育させようと，土壌をやわらげ，水はけや空気の流通をよくし，日照条件を考え，大量の肥料を投入する。そうなった田畑は，ある種の野草（雑草）や野生動物（害虫など）にとっても，いよいよ絶好の生活環境と化する。そこでそれらを排除するため，人間の介入がいっそうエスカレートせざるをえない。農業の発達とは，とりもなおさずこのイタチごっこのくりかえしであったことになる。

　ヒト一人の命は地球よりも重い，と言われる。持続可能な開発を実現していくことにおいて，家族や地方，国，また一地域あるいは地球環境など考えられうる一人一人が自分の所属する枠組において，人口が増加することについては，是または非の価値判断の対象からは除外している。これを暗黙のうちで前提とし，それから議論を始める。

　ほかならぬわれわれ人間の住む有限な地球。それだからこそ，地球社会における調和ある共存を視野に，産業全体としての規模の拡大とそしてまた，人口増加についてどのように位置付け，考えるか。これらはとても重い課題である。

参考文献

[序章，第1章－3章]

『大学教育について』J.S. ミル著，竹内一誠訳，岩波文庫，2011

『私の実践経済学』高橋亀吉著，東洋経済新報社，1981

『会社四季報の見方・使い方』東洋経済新報社

『会社法［第23版］』神田秀樹著，弘文堂，2021

『挑戦と創造，三井物産100年のあゆみ』三井物産株式会社，1976

『実践環境経営論』堀内行蔵・向井常雄著，東洋経済新報社，2006

『ISO26000：2010 社会的責任に関する手引』ISO/SR 国内委員会監修，日本規格協会，2011

ISO26000：2010 Guidance on social responsibility International Standard，2010

『日本企業のCSR ―進化の軌跡―「自己評価レポート2010」』経済同友会，2010

『CSR 企業と社会を考える』谷本寛治著，NTT 出版，2006

『CSR 経営 企業の社会的責任とステークホルダー』谷本寛治編著，中央経済社，2004

『社会学の根本概念』マックス・ウェーバー著，清水幾太郎訳，岩波書店，1972

『経営者自己統治論』平田光弘，中央経済社，2008

『ドラッカー名言集（英和対訳）』ドラッカー著，上田惇生訳，ダイヤモンド社，2010

『組織は人なり』野中郁次郎監修，ナカニシヤ出版，2009

『超入門！ 環境経営の基本がわかる本』篠原勲著，こう書房，2001

『ごみゼロ大作戦！』1-6，浅利美鈴監修，ポプラ社，2017 年

『イノベーションと企業家精神』ドラッカー著，上田惇生訳，ダイヤモンド社，2007

[第4章－10章]

『コーポレートガバナンス・マニュアル』若杉敬明監修，中央経済社，2006

『社会的共通資本』宇沢弘文著，岩波新書，2000

『法の窮極に在るもの』尾高朝雄著，有斐閣，1949

『内部統制の統合的枠組み 理論編』トレッドウェイ委員会組織委員会報告，八田進二
　　ほか共訳，白桃書房，1996

『内部統制の統合的フレームワーク』（フレームワーク編，ツール編，外部財務報告編）
　　トレッドウェイ委員会支援組織委員会，八田進二・箱田順哉監訳，日本公認会計士
　　協会出版局，2014

『図解「哲学」は図で考えると面白い』白取春彦，青春出版社，2016

『ケインズはこう言った』高橋伸彰著，NHK 出版新書，2012

『沈黙の春』レイチェル・カーソン著，青樹簗一訳，新潮文庫，1974

索　引

あとがき

　本書は，総合商社の現場実務家が，「商社活動と企業の社会的責任（CSR）」講義内容を自身で取りまとめたものである。著者にとり本講義は，スポットでの寄付講座等でなく，正規の単位講座の継続であることに意味があった。

　本講義は，もともと漠としてとらえがたい総合商社活動を，いかに大学の場で講義するかそれに腐心した際，学生に対する講義内容の指針を法政大学堀内行蔵先生がご指導され，それをベースにスタートしたものである。あらためて御礼申し上げたい。また講義録をもとに，書籍としてまとめることについては，法政大学(前，常務理事)経営学部教授神谷健司先生より，書籍にすべきとお話をいただいた経緯からである。「商社活動と企業の社会的責任（CSR）」という重い主題であり，かつ環境リスク等多岐にわたる専門的テーマを内包している。限られた紙面でそれらをまとめたものにつき，また，今時の改定で資料等可能な限り最新化を図れたものの，基本的な事項等でなお網羅していない面があることはどうかご寛恕願いたい。

　「根っからの大学人だけが教えるという時代ではなくなっている」，この大学側の問題意識のもとにスタートした本講義は，三井物産株式会社飯島彰己社長（当時）が法政大学総長よりの要請に応え了解したものである。筆者は，出版に関する三井物産社内ルールの兼業禁止適用除外として本書の「出版」許可を受けたこと，及び業務の多忙さにかかわらずこの機会にめぐり合い活かせたことに対し，改めて三井物産株式会社と同僚各位の温かい支援に深謝したい。

　本書から気付きにつながるもの，また，明日の社会での飛躍に役立つものを何か一つでも見出してもらえれば，望外の幸せである。

　浅学菲才の身にもかかわらず本書を仕上げて世に出せたのは，出版の橋渡しをしていただいた図書文化社営業部長　山田豊彦氏と，ご担当してくださった水野昇氏，大木修平氏のご助力の賜物である。心から感謝申し上げたい。

　最後に本書を，法政大学が母校である亡き父，そして亡き母と家族に捧げたい。38 年間の自身総合商社マン生活を常に前を向きながらまっとうできたのは，大きな支えと励ましがあったからである。深く感謝している。

　2021 年盛夏〔第三版上梓にあたり〕

著者しるす

■著者略歴

小林　一夫（こばやし　かずお）

1953 年　　東京都世田谷区生まれ

1976 年 3 月　早稲田大学第一政治経済学部経済学科卒業

　同年 4 月　三井物産株式会社肥料部入社

　　　　　　1976 年〜1999 年，肥料部，無機原料部機能原材料グループ，ロンドン研修員，ジャカルタ駐在等内外での営業貿易業務を担当。

　　　　　　2000 年〜2012 年，業務部投資総括室（業務統括部），内部監査部（検査役室），法務部事業法令室，中国支社，CSR 推進部（環境・社会貢献部）地球環境室等，コーポレート業務を担当。

　　　　　　2012 年 4 月〜　肥料事業部シニア・マネージャー

　　　　　　2014 年 2 月　三井物産株式会社退社

現　　在　ケイトラスト株式会社代表取締役社長（2014 年 3 月〜）

　　　　　法政大学兼任講師（2010 年 4 月〜）

所有資格：ISO14001 環境プリンシパル審査員（IRCA）

　　　　　OHSAS18001 労働安全衛生プリンシパル審査員（IRCA）

　　　　　米国公認内部監査人（Certified Internal Auditor, IIA）

　　　　　温室効果ガス（GHG）排出量算定検証人

[第三版]

商社活動と企業の社会的責任 儲けるだけでは破滅につながる

　　　　2014 年 7 月 20 日　初版第 1 刷発行　［検印省略］
　　　　2019 年 4 月 1 日　第二版第 1 刷発行
　　　　2021 年10月 1 日　第三版第 1 刷発行

　　　　著者Ⓒ小 林 一 夫
　　　発行人　福 富　　泉
　　　発行所　株式会社 **図書文化社**
　　　　　　　〒 112-0012　東京都文京区大塚 1-4-15
　　　　　　　TEL 03-3943-2511　FAX 03-3943-2519
　　　　　　　http://www.toshobunka.co.jp/
　　　装丁　株式会社クリエイティブセンター広研
　　組版・印刷　広研印刷株式会社
　　　製本　広研印刷株式会社